KB179474

포스트 코로나 시대
10대를 위한
진로 길잡이

포스트 코로나 시대

10대를 위한
진로 길잡이

ⓒ 이보경 · 김주은, 2020

초판 1쇄 인쇄일 2020년 11월 20일
초판 1쇄 발행일 2020년 12월 1일

지은이 이보경 · 김주은
펴낸이 김지영 **펴낸곳** 지브레인^{Gbrain}
편집 김현주
제작 · 관리 김동영 **마케팅** 조명구

출판등록 2001년 7월 3일 제2005-000022호
주소 04021 서울시 마포구 월드컵로7길 88 2층
전화 (02)2648-7224 **팩스** (02)2654-7696

ISBN 978-89-5979-654-0(43190)

포스트 코로나 시대

10대를 위한
진로 길잡이

이보경 · 김주은 공저

지브레인

작가의 말

　2019년 겨울 발생한 코로나19 바이러스는 전 세계에 큰 혼란과 충격을 안겨 주었습니다. 지금까지 이어온 우리의 일상은 비대면, 비접촉을 기반으로 하는 재택근무, 화상 수업, 비대면 쇼핑, 해외여행 금지 등 완전히 다른 세상으로 전환되었지요.

　이제 세계는 코로나 이전과 이후로 나눌 만큼 코로나로 인한 변화는 사회, 문화, 정치, 경제 등 다양한 분야에 걸쳐 일어나고 있습니다. 앞으로 우리는 상상하지도 못했던 변화에 적응을 해 가야만 합니다.

　이것을 우리는 언택트^{untact}라 부릅니다. 언택트^{untact} 세상은 20년 후에나 펼쳐질 것으로 예측되었던 로봇, AI, 빅데이터, 드론, 스마트팜 등 4차 산업혁명이라 불리는 미래산업을 더욱 가속시키고 있습니다.

　비대면 업무, 비대면 수업, 비대면 쇼핑, 비대면 놀이, 비대면 의료, 비대면 여행 등 우리는 대면하지 않고 일상을 지속할 수 있는 방법을 연구하게 될 것입니다. 이러한 변화는 미래 직업에도 영향을 미칠 것입니다.

언택트 세상은 4차 산업과 만나 새로운 직업을 탄생시키고 있습니다. 이제 모든 직업은 언제 다시 발생할지 모를 바이러스에 대비해야 하며 비대면인 상황에서 업무를 지속할 수 있어야 합니다.

《포스트 코로나 시대 10대를 위한 진로 길잡이》에서는 변화할 비대면 세상의 직업을 소개하고 있습니다. 이곳에 소개된 직업들은 어느 날 갑자기 생긴 것들이 아닙니다. 정보화시대가 시작되고 과학기술이 발달하면서 10년 혹은 30년 전부터 조금씩 준비해오던 것들입니다.

빅데이터 전문가는 컴퓨터가 발달하고 스마트폰이 보급되면서 매우 중요한 미래 직업이 될 것으로 예측되었습니다. 하지만 빅데이터의 가치는 우리 일상에서 피부로 느끼기에는 거리감이 있었습니다. 코로나가 본격적으로 퍼질 무렵, 빅데이터는 확진자의 동선을 파악하고 확진 경로와 속도를 예측하는데 매우 큰 역할을 했습니다. 많은 사람들이 막연한 미래로만 생각했던 일들이 현실이 된 것이지요.

기존의 화상통화는 업그레이드되어 회사나 학교에 오지 않고도 구성원 간의 중요한 회의나 강의를 들을 수 있도록 진화하게 되었습니다. 많은 회사들이 비대면으로는 불가능할 것으로 생각했던 복잡한 업무들이 화상회의와 재택근무를 통해서도 가능하다는 것을 알게 되면서 업무는 만나서 해야 한다는 강한 믿음에 큰 변혁을 맞이하게 되었습니다.

이러한 변혁은 기업뿐만 아니라 부동산, 교통, 노동정책 나아가서는 기업과 사회의 문화에까지 변화를 가져올 것으로 예상하고 있습니다.

또한 언택트는 지역 간의 이동을 불가능하게 만들었습니다. 유럽의 많은 딸기 농장들은 노동자의 이동 금지로 인해 제때에 딸기 수확을 할 수 없어 먹거리 생산에 차질을 빚기도 했습니다.

이러한 이동 금지 조치는 제조업, 농업, 무역업에 막대한 피해를 입혔지만, 반대로 새로운 4차 산업을 성장시키게 되었습니다. 그것은 로봇과 드론을 이용한 스마트팜 농장으로의 전환과 집중적인 관심이었습니다.

이렇듯 코로나 바이러스는 인류에게 큰 충격과 아픔을 가져왔지만 멀게만 느껴졌던 4차 산업의 급부상이라는 또 다른 삶으로 가는 문을 열도록 했습니다.

《포스트 코로나 시대 10대를 위한 진로 길잡이》는 코로나 이후의 삶을 직업의 관점에서 바라보고 있습니다. 우리 삶의 근간이 되는 직업의 변화는 곧 우리 삶의 변화입니다. 이 변화는 우리에게 희망이 될 수도 절망이 될 수도 있을 것입니다. 하지만 변화를 희망으로 이끄는 힘은 우리의 선택에 달려 있습니다.

이 책은 그 선택에 작은 힘이 되고자 합니다.《포스트 코로나 시대 10대를 위한 진로 길잡이》를 통해 변화하는 세상을 느끼고 준비할 수 있는 좋은 기회가 되기를 바랍니다.

이보경

CONTENTS

4차 산업혁명 시대 속 포스트 코로나 시대는 어떤 미래사회를 보여주게 될까요?

4차 산업시대란 무엇인가요?

4차 산업시대란 AI(인공 지능), 사물인터넷(IoT), 빅데이터, 모바일 등 지능정보기술이 제1차 산업부터 제3차 산업까지 포함된 다양한 산업 분야와 융합되고

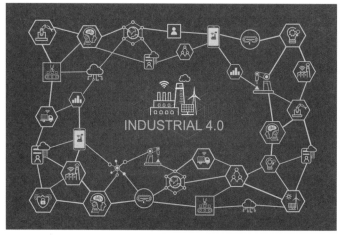

4차 산업

3D 프린팅, 로봇공학, 생명공학, 나노기술 등 여러 분야의 신기술과 결합되어 모든 제품·서비스를 네트워크로 연결하고 사물을 지능화하는 시대입니다. 그리고 단순노동직이 사라지는 시대이기도 합니다.

포스트 코로나 시대란 무엇인가요?

2019년 12월 중국 우한에서 처음 발견된 코로나19가 전 세계로 퍼지면서 지금까지의 세계 질서와 규칙이 무너지게 되었습니다. 코로나 바이러스는 강력한 전염성을 무기로 많은 생명을 빼앗아갔고 1년이 되어가는 지금도 여전히 현재 진행형 상태입니다.

국가는 국민을 지키기 위해 국경의 문을 닫았고 더 이상 세계여행이 일상이 되지 못하며 수많은 국가가 코로나19의 치료제와 백신을 개발하기 위해 매달리고 있습니다.

콘서트, 극장, 영화관, 졸업식, 축제 등 사람들이 몰리던 모든 행사가 멈추고 사회적 거리두기를 실천하는 시대가 되면서 우리가 사는 세상 풍경도 바뀌게 되었습니다.

전 세계는 비대면 사회로 전환되었고 이에 따라 대면접촉을 하지 않는 제품과 서비스가 일상화되고 있습니다.

동시에 건강에 대한 관심이 높아지면서 바이오헬스 시장이 급부상했습

텅 빈 기차역

니다. 또한 위험 대응이 일상화되었습니다. 우리나라도 1단계에서 3단계 사이를 오가며 상황에 따라 지침을 변경하고 있습니다.

이뿐만 아니라 지구촌이란 단어 대신 자국 중심주의가 강화되어 앞으로의 세계는 보호무역과 자국 중심주의가 될 것이라고 합니다.

포스트 코로나 시대의 떠오르는 유망 분야로는 어떤 것이 있을까요?

기존의 질서가 무너지고 비대면이 일상이 되는 새로운 세상이 되면서 많은 나라가 포스트 코로나 시대를 준비하기 시작했습니다. 2020년 코로나19를 겪으면서 무시되었던 농업과 제조업의 중요성이 크게 알려졌고 단순노동직과 서비스직에 대한 수요는 빠르게 감소했습니다.

여러분이 맥도널드나 버거킹에 간다면 이제 주문을 거의 대부분 키오스크로 한다는 것을 알고 있을 것입니다. 외출을 자제하면서 외식업종에서는 배달이 가능하도록 주문체계를 바꾸었고 대형 공연이 멈추고 학교에 가서 수업을 받는 대

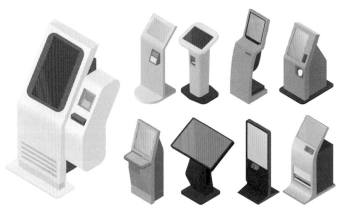

다양한 형태의 키오스크.

신 인터넷 강의로 학사과정은 대체되었습니다.

그리고 이런 세상이 앞으로도 계속 될 것이라고 전염병학자들과 미래학자들이 예견합니다.

관광으로 수익을 올리던 국가들과 제조업이 사라진 국가들은 손소독제나 마스크가 없어 많은 국민을 잃어야 했습니다.

이 경험들은 국가의 정책을 바꾸게 했고 자국 중심주의로 전환하게 만들었으며 이제 포스트 코로나 시대를 대비한 미래 정책들이 발표되고 있습니다.

우리나라에서도 각 분야의 전문가들이 모여 대한민국의 포스트 코로나 시대를 대비하고 있습니다.

그중 한국과학기술평가원에서 2020년 4월에 발표한 〈포스트 코로나시대의 미래 전망 및 유망기술〉 보고서의 일부 내용을 소개하고자 합니다.

이 보고서에 소개한 포스트 코로나 시대의 주요 환경 변화를 좀 더 단순화시켜 소개하면 다음과 같습니다..

1. 헬스케어

지금까지는 치료 중심의 의료시스템이었지만 코로나19와 같은 바이러스의 위험에 대비해 앞으로는 예방 및 관리 중심의 공중보건시스템으로 바꿀 예정입니다. 또한 의료시스템도 인공지능화, 자동화, 데이터 공유 등 디지털로의 전환이 가속화될 예정입니다.

의료시스템도 자동화와 인공지능화가 가속화될 것입니다

2. 교육

비대면의 시대는 교육에도 예외는 없기 때문에 처음과 같은 혼란은 다시는 없도록 온라인 교육 콘텐츠 및 인프라를 강화할 것입니다. 또한 취약계층을 위한 긴급돌봄 등 과 같은 교육복지를 강화시킬 것입니다.

코로나19는 교육의 방법도 바꾸고 있습니다.

다. 이 외에도 취약한 부분에 대한 대책을 마련할 예정입니다.

3. 교통

코로나 팬데믹 상황 속에서 대중교통과 공유교통에 대한 위험성을 깨닫게 되면서 사람들은 비접촉이 가능한 대응 교통수단을 고민하게 되었습니다. 자전거와 전동퀵보드 등이 부상했지만 교통사고 유발의 문제점을 안고 있습니다. 코로나19 외에도 태풍과 지진 등으로 인해 기후변화와 생태계 파괴 등에 대한 인식도 높아졌습니다.

전동 퀵보드를 이용해 출퇴근하는 사람도 있습니다.

4. 물류

전 세계적인 봉쇄조치와 이동제한 그리고 생산중단으로 국가 간 물동량이 감소했습니다. 반대로 국내는 감염병 예방을 위한 물리적 거리두기로 온라인·비대면 구매가 폭발적으로 증가했습니다. 이로 인해 제조·유통·물류 산업 간에는 경계가 약화되었고 경쟁은 매우 심해졌습니다.

코로나19는 물류 간의 이동에도 변화를 가져왔습니다.

5. 제조

코로나 팬데믹 상황에 대응하기 위해 제조공장과 장비는 스마트화가 빠르게 진행되고 있습니다.

6. 환경

1회용품 쓰레기.

코로나19로 인해 비접촉 경제 활동이 확신되면서 일회용품 사용이 폭발적으로 증가했습니다. 또한 지구온난화에 대한 대책도 요구되고 있기 때문에 인공지능 AI, 사물인터넷 IoT을 융합한 환경기술의 스마트화가 진행되고 있습니다.

7. 문화

콘서트, 영화관, 공연장 등 사람이 모여야만 되는 문화산업이 대부분 타격을 입었습니다. 반대로 비대면 문화 콘텐츠가 증가했으며 홈이코니미 home economy(재택경제: 집에서 온라인을 통한 경제활동)와 솔로이코노미 solo economy(1인 가구의 경제활동)가 가속화되었습니다. 그리고 코로나19 방역이 가장 성공한 우리나라의 문화가

공연을 멈춘 공연장

전 세계에 알려지면서 k문화에 대한 호감도가 상승했습니다.

8. 정보보안

포스트 코로나 시대는 근무 형태를 바꾸고 있습니다

화상회의, 온라인 교육, 재택근무 등 비대면 서비스가 확대되었고 우리나라는 재난 시 정보를 활용한 대응을 적극적으로 활용하고 있습니다. 하지만 개인정보보호가 제대로 이루어지고 있는지에 대한 우려도 함께 나오고 있기 때문에 개인정보보호 강화에 더 적극적으로 대응해야 할 것입니다. 우리나라는 앞으로 국방, 치안, 소방 등 국가공공 안보체계의 스마트화(인공지능, 빅데이터, 로봇)를 더 빠르게 진행할 예정입니다.

위의 8가지 포스트 코로나 시대의 환경 변화로 더 유망해진 직업은《포스트

코로나 시대 10대를 위한 진로 길잡이》에 고스란히 담겼습니다.

제4차 산업혁명에서도 단순노동직과 단순서비스직은 사라질 것을 이미 예고했습니다. 너무 단순해 기계가 대신할 수 있는 직업들을 중심으로 사라지게 될 것입니다. 대표적인 것이 직접 메뉴를 선택하고 결제하면 주방에 자동으로 주문이 뜨면서 서비스가 간소화된 무인결제시스템이 적용되고 있는 음식점 등입니다.

하지만 기계가 대신할 것만 같은 스마트팜 농장은 단순 노동을 필요로하지 않을 뿐 여전히 사람의 관리를 받아야 합니다. 프로그램을 짜고 버그를 잡고 다른 분야와 협업하는 과정은 새로운 직업을 탄생시킵니다. 마케팅과 디자인을 필요로 하고 프로그래머 또는 스마트팜 플래너라는 직종이 새롭게 탄생하게 되기 때문입니다.

제1차 산업부터 제3차 산업까지 수많은 분야가 인공지능, 사물인터넷과 결합해 스마트해질 것입니다. 그리고 이와 같은 과정에서 다양한 전문가들이 협업하게 되며 이는 또다른 수많은 일자리를 탄생시킬 것입니다.

이와 같은 일자리는 창의적이고 융합적이며 합리적이어야 가능해집니다. 기계나 인공지능이 대체할 수 없는 직업, 복잡하고 불규칙적이며 사람의 섬세함을 요구하는 직업들의 가치가 갈수록 올라가는 세상은 포스트 코로나 시대에도 여전할 것입니다.

사람보다 더 많은 학습이 가능한 인공지능이 의사의 일을 대체할 것이라고 했지만 코로나19를 경험한 국가들은 이제 더 많은 의사와 간호사를 뽑을 것이라고 선언합니다.

개인시간이 많아진 사람들은 반려동물을 가족으로 맞아들이면서 더 많은 수

국가 간의 교류는 세계 경제 흐름의 토대가 되는 활동이에요.

의사의 도움을 필요로 하고 있습니다.

국가가 서로 교류하지 못하면 식량 수출국과 식량 수입국 사이가 막혀 자국민에게 큰 위협이 됩니다. 더 싼 식재료를 수입하면 된다고 생각했던 경제개념이 무너지는 순간입니다. 따라서 국가는 농업을 보호해야 합니다.

그리고 이 모든 직업의 발전은 빅데이터와 인공지능, 사물인터넷의 성장과 융합을 기반으로 하고 있습니다.

수십만 개의 직업 중 10여 가지의 직업만 소개했지만 이 직업들 속에는 또 다른 수많은 직업군들이 숨어 있습니다.

여러분은 미래가 막연하고 무섭게 느껴질 수도 있어요. 그런데 흥미를 가지고 세상의 변화를 관찰하며 준비한다면 더 많은 기회를 잡을 수 있습니다. 간호사가 일할 수 있는 분야는 사회복지에 대한 관심이 높아지면서 환자 간호부터 공중보건 등 더 많은 분야와의 협업이 진행되고 있어요. 드론을 필요로 하는 분야가 많아질수록 드론과 관련된 전문직도 계속 만들어지고 있어요. 코로나19처럼 전 세계를 한꺼번에 움직일 큰 사건이 발생하게 되면 그에 맞는 새로운 것들이 요구되는 것이죠. 우리가 사회와 문화 그리고 사람들에 대해 관심을 가져야 하는 이유도 여기에 있습니다. 여러분이 꿈꾸는 미래에 이 책이 여러분의 꿈을 위한 좋은 조언자가 되기를 바랍니다.

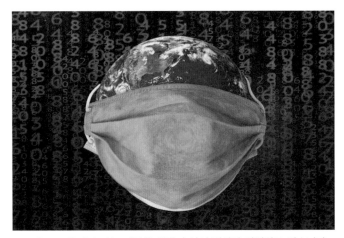

코로나19로 우리가 사는 세상은 건강과 삶의 평화가 위협받고 있습니다.

개인 미디어
콘텐츠
제작자

개인 미디어 콘텐츠 제작자란 무엇일까요?

　개인 미디어 콘텐츠 제작자는 개인적인 취미나 전문 지식, 관심 분야를 영상으로 제작해 다양한 플랫폼에 올려 조회수와 광고를 통해 수익을 올리는 창작자를 말해요.

　보통 개인 미디어 콘텐츠 제작자는 자신이 직접 기획, 촬영, 편집, 연출한 영상을 인터넷 상의 미디어 플랫폼에 업로드시킨답니다.

　개인 미디어 콘텐츠는 분야가 아주 다양해요. 듣기 좋은 빗소리나 맛있게 먹는 소리, 물이 흐르는 소리, 천둥 소리 등을 전문으로 올리는 것부터 발라드, 클래식, 국악 등 전문분야 음악이나 특정 가수의 곡들만 모아 편집하거나 자작곡을 올리는 등의 음악 전문 채널, 한식, 양식, 일식 등 음식에 관련된 채널, 게임에 대한 리뷰를 하는 채널, 다양한 뷰티 팁을 알려주는 채널, 어린이들이 장난감을 가지고 놀며 리뷰하는 채널 등 우리가 생각하는 모든 것들을 흥미롭게 편집해서 소개하고 있어요.

초기 개인 미디어 콘텐츠 제작자들은 자신들의 소소한 관심사나 일상을 스마트폰으로 찍어 올리는 아마추어적인 제작 형태로 시작했어요.

우리가 알고 있는 유튜브도 사실 2005년 미국의 전자결제 플랫폼 '페이팔'에서 일하던 스티브 첸이 친구들과의 파티 영상을 공유하기 위해 친구들과 만든 동영상 공유 사이트가 그 시작이었어요. 그런데 15년이 지난 지금 매달 20억 명이 이용하고 1분에 약 500시간 분량의 동영상이 올라오며 매일 구독자들이 머무는 시간을 합하면 10억분 이상 머물게 하는 곳이 되었어요. 또 수많은 정보가 올라오는 곳이기도 하죠.

그렇다면 개인 미디어 콘텐츠 제작자는 어떤 일을 할까요?

개인 미디어 콘텐츠 제작자는 자신이 관심을 갖는 분야를 촬영해 다양한 플랫폼에 올려요.

개인 미디어 콘텐츠 제작자는 어떤 과정을 거쳐 영상을 만들까요?

우리가 알고 있는 방송국은 협업을 하는 곳이에요. 감독과 조감독, 조명감독, 음향감독, 디렉터 등 수많은 분야로 나뉘어 서로 맡은 분야를 책임지죠. 그래서 방송국을 무대로 하는 드라마나 영화를 보면 수많은 사람들이 모여서 다양한 일을 하는 것을 볼 수 있어요.

전문 방송국에서는 분화된 인력과 많은 장비들을 이용해 전문 영상을 촬영해요.

이처럼 많은 사람들이 하는 일을 개인 미디어 방송은 혼자서 해요. bj나 유튜버의 영상을 보면 화려한 조명이나 소품들, 주제에 맞는 배경이 아니라 단순한 것을 볼 수 있을 거예

개인 미디어 제작자는 보통 혼자 영상을 제작해 업로드를 해요.

요. 그래도 방송제작에 대한 공부는 필요해요.

가장 먼저 어떤 영상을 찍을 것인지 콘텐츠의 주제부터 잡아야 해요. 그런 뒤 필요한 자료를 정리해서 어떤 방향으로 찍을지 기획하고 스토리보드를 만들어요. 스토리보드는 일종의 일하는 순서를 정하는 것으로 영상을 찍는데 있어 시간을 단축시키고 일을 효율적으로 할 수 있게 도와줍니다. 꾸준하고 규칙적인 영상을 업로드하는 것이 매우 중요하기 때문에 콘텐츠의 주제는 지치지 않고 재미있게 할 수 있을 만한 취미나 관심사를 하는 것이 좋아요. 또는 처음부터 구독자들에게 인기 있는 분야를 조사한 후 그에 맞는 주제를 영상으로 만들 수도 있

어요. 스마트폰에 익숙한 시청자들 중 10대와 20대가 많으니 그들의 관심사를 주제로 해도 되고 충성층이 높은 구독자를 잡고 싶다면 매니아가 명확한 분야를 찾아봐도 돼요. 이 모든 것이 아주 중요한 기획력이랍니다.

하지만 아직 무엇을 해야 할지 모른다면 공부한다는 마음으로 일상을 찍어 올리는 방법도 있어요. 같이 사는 반려동물의 일상을 찍어 올리는 사람도 있고 가족과 여행을 가거나 주변의 예쁜 경치를 찍어 올리는 사람도 있어요.

이런 과정을 거쳐서 직접 찍은 영상을 올린 후 시청자들의 반응을 보며 영상의 진행 방향을 정하는 것도 하나의 방법이에요.

만약 이 과정을 거쳐서 많은 구독자가 생기거나 멋진 주제가 화제가 된다면 회사와 계약도 할 수 있어요. 그때는 PD와 편집, 자막, 섭외, 기본적인 대본, 촬영 환경 등을 진행해주는 스텝들과 일을 하게 될 거예요.

회사와 같이 일하지 않는다고 해도 여러분이 카메라, 조명, 전문 편집 등 방송 과정을 공부해 좀 더 전문적인 방송을 하는 방법도 있어요. 작가와 PD를 고용해 전문성을 높일 수도 있고요.

영상 편집은 정말 중요해요. 지루한 부분이나 개연성을 떨어뜨리거나 흥미유발을 해치는 부분을 편집하고 방송의 완성도와 재미를 높이는 과정이 여기에 해당되거든요. 최근에는 미디어 플랫폼 회사들이 편리하게 영상편집을 할 수 있도록 기본 편집 도구를 플랫폼 안에 제공해 주고 있으니 다양한 영상편집 도구를 써보며 자신에게 맞는 것을 찾는 방법도 있어요.

이제 모든 영상 편집이 끝났다면 원하는 플랫폼에 업로드해요. 유튜브, 아프리카TV, 틱톡, 카카오TV, 인스타그램 등이 있으니 플랫폼 정책을 확인하고 원하는 곳에 올리면 됩니다.

영상을 올릴 때는 되도록 시간과 날짜를 규칙적으로 정해서 하는 것이 좋아요. 규칙적인 업로드는 시청자에게 기대감을 불러올 수 있고 성실한 영상 공유를 통해 댓글 등으로 정보와 관심사를 공유할 수 있기 때문이에요.

개인 미디어 콘텐츠 제작자가 되기 위해서는 무엇을 준비해야 할까요?

대부분의 개인 미디어 방송인들은 비전문가로 시작해 독학으로 방송 장비와 시스템을 공부한 경우가 많아요.

지금은 개인 미디어 콘텐츠 제작자를 유망한 직업으로 보기 때문에 유튜브 크리에이터 전문 과정. 영상편집학원 등 전문 학원이나 방송영상과, 방송제작과, 공연제작과, 인터넷 방송과 등의 관련 학과도 있으니 대학에 진학해 방송 전반에 대해 공부할 수도 있어요.

개인방송을 위해서 꼭 관련 학과를 전공할 필요는 없지만 영상 제작에 대해 알고 있다면 좀 더 유리할 거예요.

그런데 사실 실습보다 더 좋은 배움은 없어요. 해보고 싶은 아이템을 잡아 스마트폰으로 찍고 플랫폼 회사들이 제공하는 영상편집 도구를 이용해 제작한 영상을 올리며 방송을 시작해 보는 것도 좋은 경험이 될 거예요. 직접 방송을 하면서 무엇이 필요하고 시청자들의 관심사는 무엇인지를 바로 확인할 수 있어 방향성을 수정해 나갈 수 있거든요.

개인 미디어 방송은 소소하고 다양하게 취미부터 관심사까지 그 어떤 것도 나이 상관없이 누구나 할 수 있기 때문에 그리고 같은 관심사를 가진 사람들이 그 콘텐츠를 시간에 구애받지 않고 볼 수 있기 때문에 현대인에게는 아주 잘 맞아요.

나이 상관없이 누구나 개인 미디어 제작자가 될 수 있어요.

공중파 방송국이나 케이블 방송국이 정해진 시간에 내보내는 콘텐츠를 보는 것이 아니라 소비자가 원하는 시간과 장소에서 언제든지 볼 수 있다는 것은 개인의 사생활을 중요시하고 개성을 존중하며 쌍방향 시대를 살아가는 우리에게 매우 잘 맞는 시청 패턴이에요.

개인 미디어 콘텐츠 제작자의 수익은 어떻게 나올까요?

개인방송의 수익은 광고와 조회수, 구독자수, 슈퍼챗, 별풍선 등 다양한 방법으로 올릴 수 있어요. 따라서 조회수가 나오지 않으면 광고가 붙지 않고 영상을 구독하는 구독자가 없다면 슈퍼챗 등의 수익도 전혀 올릴 수 없어요. 직업으로서 개인 미디어 콘텐츠 제작자가 된 것이라면 사람들의 공감을 불러오는 영상을 찍어야 하는 이유예요.

좋은 콘텐츠를 찾아 재미있는 영상을 찍는다면 그리고 성실하게 올린다면 영상 주제에 공감하는 시청자들이 찾아올 거예요.

즉 영상제작자는 다음 세 가지를 기준으로 영상을 제작해야 해요.

- 공감을 불러오는 콘텐츠를 찾는다.
- 시청자가 지루하지 않고 흥미롭게 볼 수 있는 영상을 만든다.
- 당장은 조회수가 나오지 않아도 실망하지 않고 영상을 정기적으로 꾸준히 업로
  드한다.

그런데 수많은 사람들이 개인 미디어 콘텐츠 제작자에 도전하면서 경쟁이 아
주 치열해졌어요. 이에 따라 수익을 낼 수 있는 규칙이 바뀌었답니다.

다음은 유튜브 수익을 올릴 수 있는 기본 방침이에요.

- 구독자 수 1000명 이상.
- 1년 동안 시청 시간이 4000시간 이상일 것.
- 애드센스 가입(가입 후 3시간 이내 승인되어요).

유튜브에서는 이 모든 조건을 갖추면 유튜브 수익창출 정책에 합당한지 검토한 뒤 결과를 통보해요. 보통 1달 내외의 시간 안에 결정된다고 합니다.

유튜브에서 수익창출이 가능하다는 결과가 나오면 유튜버는 그동안 업로드했던 동영상을 수익창출로 설정하면 된답니다.

코로나 시대, 비대면의 세상에서 개인 콘텐츠 제작자의 전망은 어떨까요?

대표적인 플랫폼인 유튜브의 문화·트렌드 총괄 책임자인 케빈 알로카[Kevin Allocca · 37]는 저서 《유튜브 컬처[Videocracy(2018)]》에서 다음과 같이 말했어요.

> 만약 외계인이 지구를 알고 싶어 한다면 구글을 보여 주겠지만,
> 인간을 알고 싶어 한다면 유튜브를 보여 줄 것이다

유튜버는 인간의 모든 것이 모인 곳이라고 할 만큼 거대한 공간이 된 것이죠. 유튜브는 전 세계를 대상으로 하고 있기 때문에 그 영향력은 갈수록 커져가고 있어요.

실수마저 재미가 되는 친숙함을 무기로 활동했던 1세대 개인 미디어 콘텐츠 제작자들은 언제 어디서나 자신의 관심사와 흥미를 쉽게 찍어 바로 업로드할 수 있는 환경을 이용해 엄청난 수익과 명성을 가질 수 있었어요. 이는 공중파까지 진출할 수 있는 기회를 제공하며 더 많은 수익 창출로 이어졌어요. 광고 또한 유명 크리에이터들에게 집중되었고요.

이와 같은 환경은 사람들에게 개인 미디어 제작자가 아주 매력적인 직업으로 인식되는 결과를 가져왔어요. 이는 더 많은 개인 미디어 콘텐츠 제작자를 만들었고요. 분야 역시 문화, 경제, 과학, 정치, 사회, 음악, 춤, 사진, 육아 등 갈수록 넓어져 가면서 공중파 TV를 위협하다 못해 넘어서는 시대가 되었어요.

초기에는 아마추어가 제작하는 정치와 시사를 온전히 전문지식과 정보로 받아들일 것이라고 믿는 사람들도 그리 많지 않았어요. 그런데 지금은 신문과 뉴스보다 유튜버들을 더 믿는 사람들이 늘어나고 있어요.

관심사에 민감하게 반응하는 사람들에게는 방송국이 제공하는 콘텐츠를 보기 위해 TV 앞에 앉아 기다리는 한 발 늦는 소식 대신 정해진 시간이 아니라 화제가 되면 언제든지 기민하게 정보를 올리는 개인 미디어 영상들은 만족도가 크다고 해요.

빠른 인터넷과 제4차 산업혁명의 시대를 살아가는 현대 사회에서 정형화되고 일방적인 한 방향 시스템인 공중파 방송에 식상함을 느끼던 사람들은 관심에 따라 얼마든지 선택 가능한 개인 미디어 영상의 세계에 열광했어요. 그리고 인기 유튜버들은 공중파 방송에도 출연하며 인지도를 넓힘으로써 개인 미디어 방송의 영향력은 확대되어 갔어요.

그러자 지금까지 유튜브나 네이버, 카카오TV, 인스타그램 등의 플랫폼을 홍보의 수단 정도로 생각하던 방송국들이 적극적으로 진출하기 시작했어요.

긴 영상들은 더 세분화되어 다국어로 제작되어 올려지고 드라마와 예능을 비롯해 다양한 방송 콘텐츠가 세계적인 인기를 끌며 전 세계에 소개되고 있어요. 방송국은 유튜브 전용 콘텐츠도 제작하기 시작했으며 다양한 플랫폼은 방송국의 중요 수입원으로 자리잡아가고 있어요.

그리고 2020년 코로나19는 이와 같은 환경을 더 확장시키는 역할을 했어요.

코로나19로 전 세계가 비대면의 시대가 되면서 전 세계에서 가장 많이 뜬 영상은 홈 트레이닝과 요가, 명상, 요리 등 '나'를 돌보는 영상들이었다고 해요. 또한 콘서트 등의 행사 역시 온라인으로 대체되면서 '라이브 스트리밍'도 급증했어요. 트렌드는 셀럽의 탄생, 장르의 다양화, 배움의 장으로 빠르게 진화했고요..

코로나19가 사람들을 집에 머물게 하면서 유튜브 이용 시간 또한 증가했어요.

셀럽이라고 불리는 셀러브리티들의 분야는 더 넓고 세분화되었고 전문지식 또는 개인기로 무장하기 시작했으며 그들은 팬들과 유대를 형성하고, 공동체를 구축하고, 화면으로 소통할 수 있는 독특한 재능을 보여 주며 세계적인 인기와 명예를 갖게 되었어요.

블로그로 다양한 소식과 관심사를 전하거나 찾아보던 사람들은 시청각의 시대가 더 활짝 열리면서 자신의 관심사와 새로운 장르, 취미와 새로운 기술을 배우거나 발전시키는 데 개인 미디어 영상을 제작해 올리거나 이용하고 있어요.

그리고 이와 같은 상황은 더 커질 것이라고 전망되고 있어요. 개인 미디어 콘텐츠 제작자의 전망은 매우 긍정적이죠. 그중 유튜버로 인해 생긴 직업인 유튜브 크리에이터는 몇 백억의 수익을 올리기도 해요.

이처럼 개인 미디어 콘텐츠 방송은 단순 취미 생활이 아닌 우리 문화와 사회에 큰 영향을 주는 문화적 콘텐츠로 자리 잡고 있으며 이는 직업적 소양과 책임감을 요구하게 되었어요.

또한 개인 미디어 방송은 MCN 중 하나인 샌드박스와 같은 전문 개인 방송 기획회사나 개인 미디어 방송인들을 관리하는 에이전시를 통해 더 양질의 영상을 제공할 수 있게 되었어요. 이를 통해 상업적이고 전문

적인 관리를 받으며 많은 사람들에게 재미와 감동을 줄 수 있는 콘텐츠 제작자로 성공할 수 있는 길은 더 넓어졌어요.

개인 미디어 콘텐츠 제작은 어떤 기회를 제공하게 될까요?

다양한 플랫폼은 개인을 비롯해 기업에게도 전 세계에 제품을 알릴 수 있는 기회를 제공해줘요. 대표적으로 삼양 불닭볶음면의 전 세계적 성공에는 유튜버의 챌린지가 큰 공헌을 했어요.

콘텐츠는 무엇이든 가능해요. 화장을 하며 화장품의 장단점을 이야기할 수도 있어요.

막강한 영향력을 자랑하는 뷰티 유튜버들은 새로운 제품들을 직접 사용하며 제품에 대한 정보를 제공해요. 시청자들은 이를 통해 제품을 간접체험하고 구입하죠. 자신이 만든 제품을 소개하는 개인 미디어 콘텐츠 제작자도 있어요.

삼성과 엘지에서는 핸드폰 신제품을 얼리어답터들에게 미리 제공해 제품 사용 후기를 소개하기도 해요. 그리고 그들의 후기는 시청자들에게 많은 영향을 줄 수 있어요. 자신의 자작곡을 홍보할 수도 있어요.

분야를 막론하고 다양한 영상이 올라오기 때문에 유튜브를 비롯한 플랫폼들은 정보의 홍수 속에 놓여 있어요. 이에 따라 시청자들은 더 까다롭고 더 세심하게 영상들을 보고 자신들의 의견을 전하게 되었어요.

현재 유튜브는 1000명이라는 구독자와 4000시간의 시청 그리고 유튜브의 정책에 맞는 채널이란 조건만 충족이 된다면 이제는 구독자 수보다 조회수가 더 중요해지고 있어요.

또한 광고 유치를 위해서는 구독자들의 호감도도 높아야 하고 플랫폼들은 더 많은 수익 구조를 만들기 위해 세분화하고 다양한 정책을 시행하고 있어요.

만약 여러분이 사람들의 호감을 불러일으키는 아이디어와 그 아이디어를 실현시킬 수 있는 능력이 있다면 사업도 가능해져요.

3D 프린터로 피규어를 만드는데 재능을 가진 유튜버는 뛰어난 실력이 있었음에도 구독자가 늘지 않아 고민이었다고 해요.

하지만 좌절하지 않고 꾸준히 피규어를 만들어 업로드했는데 어느 날 그가 올린 피규어 영상 중 하나가 사람들의

호감을 불러왔어요. 그 피규어를 좋아하게 된 구독자들이 댓글을 남겼고 화제가 되면서 유튜브의 알고리즘이 더 많은 사람에게 그 영상을 추천했어요.

그러자 오랫동안 몇백 명의 수준에 머물러 있던 구독자는 순식간에 몇천 명이 되었고 그 피규어 영상 조회수도 수십만이 되었어요.

그 영상을 본 미국의 판매상에게서도 판매 상품으로 납품이 가능한 지 연락이

왔어요.

현재 그 유튜버는 안정적인 판매처를 둔 상태에서 제품을 만들고 있다고 해요.

어떤 인스타그램 인플루언서는 여행을 하며 아름다운 사진을 올렸어요. 그 사진을 보고 좋아요를 누르는 사람이 많아졌고 팔로워가 늘어나면서 유명해지게 되었어요. 그러자 잡지를 비롯한 다양한 매체에서 그 사람의 사진을 고가에 구입해 소개했어요.

이는 또 다른 기회를 이 인플루언서에게 제공했고요.

위의 에피소드에서 볼 수 있듯이 일인 미디어 제작자의 재능이 단순하게 일인 미디어 영상을 통한 수익 창출로 끝나는 것이 아니라 다양한 기회를 제공하게 된 예는 얼마든지 있어요.

이처럼 플랫폼들은 이제 또 다른 기회를 제공하는 곳이 되었어요. 핸드폰 하나와 시간 그리고 아이디어만 있다면 얼마든지 기회를 만들 수 있는 곳, 누구나 쉽게 접근 가능한 곳, 제4차 산업혁명시대, 코로나 시대, 언택트의 시대에도 기회의 바다가 될 수 있는 곳. 하지만 살아남기 위해서는 그만큼 재능과 열정, 꾸준한 노력과 인내를 필요로 하는 곳이 바로 플랫폼의 세계입니다.

성실함과 끈기 그리고 공감을 줄 수 있는 기획력과 편집 능력, 호기심과 열정이 있다면 여러분의 개성을 담아 취미나 관심사를 공유하는 일인 미디어 제작자가 되어 재미와 감동을 주는 콘텐츠 제작자의 길을 걸으며 새로운 시대를 준비할 수 있을 거예요.

성공적인 일인 미디어 제작자가 되기 위해서 주의해야 할 것으로는 무엇이 있을까요?

코로나 이후 언택트 시대가 되면서 개인 미디어방송은 무섭게 성장하고 있어요. 또한 영향력도 커져가고 있어요. 이에 따라 많은 회사들이 플랫폼을 이용한 다양한 광고를 시작하면서 수익구조는 더 넓어지고 커졌으며 앞으로 더 확장될 것이라고 해요.

개인 미디어 콘텐츠 제작자들에게 직업적 소양과 더 많은 책임감이 요구되는 이유 중에는 이들이 가진 영향력이 사회에 악영향을 주지 않도록 하기 위해서예요. 유튜브나 아프리카 TV, 인스타그램의 성공으로 개인방송 제작자들이 많이 증가하면서 수익을 올리기 위한 과도한 경쟁도 갈수록 치열해지고 있어요. 이는 수익구조의 불투명성과 저작권 문제, 불법적인 행동, 사생활 침해, 정직하지 않은 광고성 방송, 광고수익에만 몰두하는 업체, 선전성 논란 등을 불러일으키며 비판과 우려, 부정적인 시선을 키우고 있어요.

이에 따라 플랫폼 회사들은 다양한 규제책을 제안하고 있는 만큼 여러분은 플랫폼을 선택했다면 그 플랫폼에서 규제하는 내용을 미리 확인해야 해요. 만약 이것을 소홀히 한다면 영상이 삭제되거나 위반 시 영구적으로 영상을 올릴 수 있는 권한을 박탈당할 수도 있어요.

만약 여러분이 개인 콘텐츠 제작자에 대한 꿈이 있다면 지금까지 살펴본 내용들을 잘 기억하며 오늘부터 스마트폰으로 나만의 아이디어를 촬영해 올려보세요.

여러분 주변의 경치나 예쁜 꽃들, 반려동물에 대한 짧은 영상부터 시작해봐도 되고 친구들과 책을 읽으며 상황극을 하거나 장난감으로 노는 모습을 촬영해 올려도 돼요.

여러분의 취미와 생각을 정리해서 부모님이나 가족의 도움을 받아도 되어요. 책을 읽으며 아이디어를 행동으로 옮겨 보세요. 어떤 것이든 꾸준한 실천이 중요하다는 것을 잊지 말고 미래 직업으로 가장 많이 언급되는 개인 콘텐츠 제작자가 되어 보세요.

코로나 이후 나를 돌보는 영상들이 가파르게 증가했어요. 요가나 명상, 식물을 키우는 것 모두 이에 해당되어요.

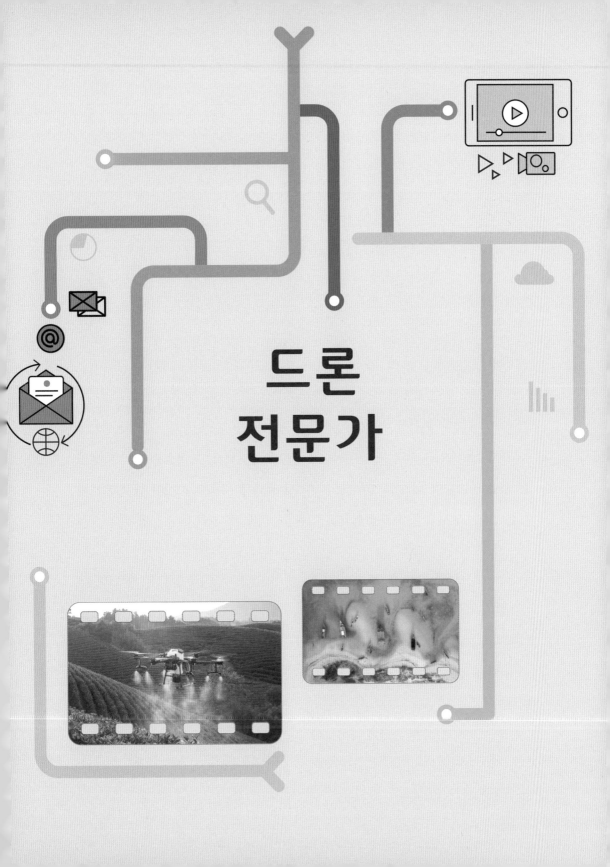

드론
전문가

드론이란 무엇일까요?

드론은 무선으로 원격 조정이 가능한 무인항공기예요. 법적으로 정확한 명칭은 무인 멀티콥터예요. 그런데 벌의 날개짓 소리와 비슷한 소리가 난다고 해서 드론이라는 별칭을 갖게 되었어요.

드론 조종사란 무엇일까요?

드론으로는 정말 많은 일을 할 수 있어요. 물건을 배달하고 사람들을 관리하고 자연을 보호하거나 영상 촬영을 하는 등 이용될 수 있는 분야는 무궁무진해요.

드론은 목적에 따라 크기가 다양하며 프로그래밍을 통해 다양한 작업을 할 수

드론의 다양한 형태들.

있어요. 이런 드론을 무선으로 조종하는 사람을 '드론 조종사'라고 해요.

드론 조종사는 무슨 일을 할까요?

2020년 7월 4일 대한민국 정부에서는 코로나19로 고생하는 국민들을 위로하고 감사하기 위해 드론으로 국민 덕분에라는 플래시 몹을 선보였어요. 그리고 이 프로젝트는 전 세계적으로 화제가 되었고 우리나라 국민들에게 큰 위로가 되었어요.

당시 정부는 400여 대가 넘는 드론을 이용해 코로나19를 예방하기 위한 손 씻기 챌린지와 마스크 쓰기, 사회적 거리두기 등을 선보인 후 국민에게 감사의 의미를 담아 국민 덕분에란 글자와 의료진과 국민을 형상화했죠.

코로나19를 예방하기 위해 지켜야 할 규칙들.

처음 드론을 사용한 곳은 군대였어요. 공군기나 고사포, 미사일의 사격 연습용 표적으로 시작된 무인항공기에서 무선 기술이 발달하면서 적진을 구석구석 정찰하는 정찰용 드론으로 발전했다고 해요.

그리고 제4차 산업의 시대가 되면서 눈부시게 발전하는 IT 관련 직종에서 드론은 적용 범위가 넓고, 기존 산업계와 융합해 다양한 시너지를 발휘하면서 인기가 나날이 높아져만 가고 있어요.

영화나 드라마를 보면 정말 멋진 풍경을 하늘에서 내려다보는 영상이 나와요. 비행기에서 찍은 것이 아니라 직접 하늘을 날며 보는 듯한 아찔한 높이의 절벽이나 아름다운 산들, 장대한 바다가 펼쳐지는 것이죠. 이런 장면은 대부분 드론으로 촬영한 것이에요.

드론은 방송 촬영에만 활용되는 것이 아니에요. 기상관측을 하거나. 사람이 들어가기 힘든 해저나 화산, 혹은 깊은 동굴이나 광산 실측과 같은 건축 토목에 이용되어 들어가 작업할 수도 있어요. 아마존에서는 무인 배달도 시작되었다고 해요. 여러분은 이제 곧 피자나 배달 음식을 드론으로 받을 수도 있어요.

드론으로 찍은 멋진 풍경들.

그런데 앞으로의 시대에서는 드론이 사람
을 살리는 데 중요한 역할을 하게 될 것이라
고 해요.

의학적 센서가 장착된 드론은 일정 구역
을 돌며 비정상적인 몸 상태(열이 높다거나

드론으로 피자 배달도 가능해요.

피를 흘리는 등 뚜렷한 반응이 보이는 경우를 체크
할 수 있도록 프로그래밍된 드론)가 발견되면 가까운 병원에 연락이 갈 수 있는 시
스템을 만들어 국민의 건강권을 지킬 수 있어요. 이 부분은 다른 직업들과 연결
되기 때문에 몇 번 더 설명할 거예요.

그리고 이 모든 것은 드론을 관리하는 드론 조종사의 업무에 해당되어요.

이밖에도 드론은 교통관리, 도로관리, 범죄감시에도 쓰일 수 있어요. 이처럼 우리 생활 곳곳에서 이용이 가능한 드론이기 때문에 우리가 사는 세상에서 드론의 가치와 활용은 더더욱 높아질 수밖에 없겠죠?

드론 조종사가 되려면 무엇을 준비해야 할까요?

드론을 안정적으로 운행할 수 있도록 무선조종을 하는 드론 조종사가 되려면 어떤 공부를 해야 할까요? 당연히 가장 중요한 것은 정확한 조종기술을 익히는 거겠죠?

드론은 국가에서 정한 법에 따라 일정한 높이에서 날아다니며 다양한 지형을 활용해 움직이기 때문에 정확한 조종기술을 연마해야 해요. 혹시라도 조종기술이 부족하면 사물에 부딪치거나 떨어져 사고가 발생할 수 있어요. 심한 경우에는 사람이 사망할 수도 있기 때문에 드론은 숙련된 조종기술을 필요로 해요.

다음으로는 드론을 직접 조립해야 하는 경우가 많기 때문에 드론의 구조에 대한 지식이 있어야 해요. 드론의 크기도 다르고 목적에 따라 선택해야 하기 때문에 드론 기체에 대한 지식은 꼭 필요해요.

2018년 평창 동계 올림픽의 개막식과 폐막식에 사용된 드론의 수는 1218대였다고 해요. 그런데 이 드론들은 미리 설정된 프로그래밍으로 움직였어요. 1218명이 각자 드론을 무선 조종한 것이 아니라 단 한 명이 프로그램을 이용해 화려한 드론 쇼를 선보인 것이죠. 이와 같은 드론 쇼는 인텔사의 슈팅 스타 Shooting Star를 이용한 것이에요. 인텔사는 드론을 이용한 퍼포먼스 쇼를 선보여

기네스 기록을 가지고 있어요.

이와 같은 예에서 살펴볼 수 있듯이 드론은 한 사람이 대량으로 조종할 수도 있어요. 이를 위해서는 프로그래밍에 대한 지식 습득이 필요해요.

또한 드론 조종사가 되고 싶다면 아주 중요한 과정을 거쳐야 해요. 바로 자격증 취득이에요.

우리나라의 대표적인 드론 조종사 자격증으로는 '초경량 비행 장치 무인 멀티콥더 조종자'가 있어요. 사람이 타지 않을 뿐 드론도 하늘을 나는 비행체인 것은 같기 때문에 비행에 대한 지식과 항공법, 기상에 대한 이해, 안전규제에 대한 지식을 갖추어야 해요.

교통안전공단에서 시행하는 초경량 비행 장치 무인 멀티콥더 조종자 자격 시험에 응시해 자격증을 따야 더 많은 기회를 가질 수 있어요. 전문 드론 조종사가 되려면 반드시 필요한 자격증이니 꼭 기억해두어야 해요.

드론은 전 세계 어디에서나 자유롭게 날리는 것은 불법이에요. 드론은 대부분 어디든 갈 수 있기 때문에 군대나 공장의 중요 시설 등 허가받지 않은 곳을 다니며 정보를 캐는 것을 방지하기 위해서예요. 국가의 안전과 보안을 위해 전 세계가 각 나라의 실정에 맞는 다양한 규제를 하고 있는 것이죠.

산불을 끄거나 산에서 길을 잃은 사람을 찾거나 농약을 살포하는 등의 목적을 가진 드론 운행은 드론 안전 비행사 자격증을 가진 드론 조종사의 신고된 상용 드론만이 가능해요.

우리나라의 항공법에서는 연료를 제외하고 12킬로그램이 넘는 드론은 관할 지방항공청에 신고하고 교통안전공단으로부터 안전성 인증을 받도록 규정하고 있어요. 12킬로그램이 넘는 드론을 이용해 사업을 하려면 '초경량 비행 장치 무인 멀티콥터 조종자' 자격증이 꼭 있어야 하고요. 최대 이륙 중량이 25킬로그램이 넘는 경우에는 드론 기체의 안정성 검사도 받아야 해요.

12킬로그램 이하의 드론이라면 자격증과 신고 및 안전성 인증을 받을 필요는 없어요. 그래서 최근에는 저렴한 키덜트 드론을 취미용이나 가벼운 용도로 운전하는 사람들이 많아졌어요. 그런데 여전히 사람 많은 곳이나 복잡한 구조 안에서는 위험하기 때문에 안전수칙을 꼭 잘 기억하고 준수해야 해요. 보안 범위에 드론을 날리는 것은 역시 금지이고요.

드론 전문 자격증을 위한 준비를 간단하게 설명하면 다음과 같아요.

응시 자격: 만 14세 이상.

응시 과정: 필기시험 내용은 항공 법규와 항공 기상 그리고 비행이론과 운용에 대한 이론시험.

필기시험에 합격하면 국토부에서 인가를 받은 전문 교육원이나 사설 교육원에서 교육안전공단에 등록된 교관에게 20시간 이상의 교육을 받고 경력 증명서를 발급 받아요. 이 증명서를 교통공단 홈페이지에 올리면 실기 시험 응시 자격이 주어져요. 무인 헬리콥터 자격 소지자는 10시간이면 받을 수 있어요.

실기시험은 구술과 직접 드론을 조종해서 봐요. 시험 내용은 드론 기체를 비롯해 드론을 조종하기 위해 꼭 필요한 법규와 지식들 그리고 운전과 비상 절차 등에 대해 제대로 알고 있는지 확인하는 것이에요.

드론 관련 직종은 국가에서도 미래 직업으로 밀고 있기 때문에 국가에서 해주는 교육을 받는 방법과 비용을 지불하고 사설 교육 기관에서 받는 방법이 있어요.

고용노동부의 내일 배움 카드를 활용하면 교육비의 일부를 지원받을 수 있어요.

코로나 시대의 드론 조종사의 역할과 전망은 어떻게 될까요?

코로나 시대가 되면서 비대면의 생활은 일상이 되었어요. 드론은 비대면 시대가 되면서 더 많은 부분에서 활용되고 우리 생활을 보다 편리하게 해 줄 거예요. 또한 급격한 인구의 감소로 노동력을 필요로 하는 분야에서도 드론이 활약하게 될 것이기 때문에 전망은 더 밝아요.

가장 대표적인 업종이 농업을 비롯한 방역 사업이에요. 항공 촬영과 오지 수색, 수질오염이나 대기오염물질 배출 단속, 미세먼지 측정 그리고 구조 활동에도 드론은 최적화되어 있어요. 그리고 드론을 활용하는 분야는 갈수록 확대되는 중이에요.

우리나라에서는 현재 적극적으로 드론을 이용한 배달 사업을 위해 한국전자통신 등이 참여한 드론 연구를 하고 있어요.

이뿐만이 아니에요. 2018년 평창 동계 올림픽과 2020년 국민 덕분에 등에 이용된 드론의 활용처럼 국가를 비롯해 회사에서도 홍보의 목적으로 사용하기도 해요.

드론 스포츠 종목도 있어요.

드론에 대한 것들을 더 많이 알고 싶다면 해마다 국가에서 지원하는 드론 쇼 코리아 전시회를 방문해서 눈부신 발전을 하고 있는 현장을 직접 확인할 수도 있어요.

드론 쇼 코리아 홈페이지 이미지와 드론 쇼 코리아 홈페이지 주소.
www.droneshowkorea.com

여러분이 드론 조종사를 꿈꾼다면 드론 조종법을 잘 익히는 것뿐만이 아니라 개인의 사생활과 안전을 비롯해 사회에 대한 공익적 마음 자세도 필요해요. 갈수록 드론에 의한 안전사고나 사생활 피해와 같은 부작용이 발생하고 있기 때문에 국가에서는 이에 대한 규칙을 더 엄격하게 적용하기 위해 제도를 개선할 예정이라고 해요.

드론을 어떻게 사용할 것인가에 대해서는 앞으로 많은 논의가 필요할 거예요. 하지만 드론을 안전하고 편리하게 사용하기 위해서 노력하다 보면 드론 조종사로서 많은 기회가 펼쳐질 거예요.

드론 관련 분야의 다양한 전문가

    드론 분야에서 가장 관심이 집중된 분야는 사람을 살리는 '산업용 드론'이에요. 단순하게 촬영을 하고 배달을 하는 것에서 더 나아가 사람을 살린다? 사람이 타는 것이 아니라 사람이 무인 조종을 하는 드론이 대체 어떻게 사람을 살린다는 것일까요?

    우리는 드론 조종사에서 잠깐 드론이 보건복지와 연결되었을 때 어떻게 활용될지를 조금 살펴보았어요.

    이번에는 드론 조종사만이 아니라 더 많은 분야가 드론과 연결되는 다양한 직업들을 살펴보려고 해요.

IT 기술이 발전할수록 더 많아지는 드론 관련 직종으로는 어떤 것들이 있을까요?

역시 가장 먼저 그리고 대표적인 직업은 드론 조종사예요.

그런데 드론 조종사에서 잠깐 언급되었던 1명의 조종사와 1대의 드론 대신 2218대의 드론을 한 명이 조종했던 다양한 드론 쇼를 떠올려 보세요.

수천 대의 드론이 하늘을 날며 주어진 일을 하기 위해서는 그에 맞는 프로그래밍이 필요해요. 이는 컴퓨터가 자동으로 프로그램을 짜는 것이 아니라 드론 전문 프로그래머의 업무예요. 드론 배달을 위한 배송 체계의 구축과 개발, 비행의 안정성을 높

드론을 움직이기 위해서는 드론 전용 프로그램이 필요해요.

일 응용 소프트웨어의 개발도 이들이 해야 할 일이에요. 산업용 드론의 자율비행, 인공지능 소프트웨어의 개발 등 앞으로 해야 할 일도 아주 많죠.

몇 천대의 드론은 이와 같은 소프트웨어를 이용해서 비행 안정성을 향상시키고 최소한의 인원으로 운용이 가능해지고 있어요.

이번에는 대기를 측정하고 오염도를 조사하고 어딘가 발생했을 환자를 찾아내는 드론들이 하늘에 무수히 떠 있다고 상상해 보세요. 만약 이 모든 것이 정해진 규칙대로 움직이지 않는다면 부딪쳐 사고가 날 수도 있어요.

바로 이런 위험을 예방하기 위해 자동차가 도로 규칙에 의해 달리듯 드론도 드론길을 따라 드론 규칙에 의해 날아다녀야 하는데 이런 길을 설계하는 것도 직업이 될 거예요.

사람이 농약이나 비료를 주며 관리하는 일을 드론이 직접 하게 되면 어떨까요? 이미 이는 현실화되어 있어요. 그리고 이 모든 것은 프로그램 즉 소프트웨어가 더 다변화되면서 가능해졌어요. 인구 절벽의 시대가 된 우리나라에는 이와 같은 드론의 활약이 큰 도움이 될 거예요. 프로그램에 따라 드론이 하늘에서 농약과 비료를 뿌리고 가뭄때는 물을 뿌릴 수 있다면 훨씬 짧은 시간과 노동력을 투입하면서도 효율적 관리가 가능해져요.

농업에 이용되는 드론. 영양분을 필요로 하는 부분만 드론으로 집중적인 관리를 해 생산량을 늘릴 수도 있어요.

이뿐만이 아니에요. 농작물이 내뿜는 질소량을 파악해서 영양을 좀 더 필요로 하는 발육이 느린 곳만 집중 관리해 생산량을 높일 수도 있어요. 이는 농업 분야뿐만 아니라 어업에도 적용시킬 수 있고 이에 대한 연구 역시 진행되고 있다고 해요.

목축업에도 이용될 예정이에요.

코로나 시대가 된 2020년에 섬 사람들에게 필요한 생필품과 마스크를 운반한 것도 드론이에요.

조난이나 지진 해일, 산사태가 발생했을 때 정밀 카메라와 열감지 센서를 탑재한 드론으로 현장을 수색하고 인명을 살리는데도 드론은 큰 역할을 하기 시작했어요.

깜깜한 밤이 되면 더 이상 수색을 할 수 없었던 과거와는 달리 이와 같은 최첨단 장비를 탑재한 드론을 이용한다면 사람을 살리는 드론이란 말은 너무 잘 맞는 것이 아닐까요?

산불을 끄거나 도로 감시에도 드론이 이용되고 있어요.

여러분은 이제 드론이 사용되는 범위가 얼마나 다양해지고 있는지 알게 되었어요. 이는 수많은 연구개발을 통해 산업용 드론의 내구성을 높이고 날씨에 관계없이 운용이 가능하게 되면서 맺게 된 결실이에요. 또한 여러 가지 장비를 싣고 복잡한 업무도 할 수 있게 되었어요. 센서 및 전파 기술 개발은 드론이 추락할 위험을 줄이고 더 나은 작업을 진행할 수 있는 환경을 제공해요.

이와 같은 드론의 개발과 발전을 위해 연구하는 것도 드론 관련 직업이에요.

더 많은 분야에 더 많은 일을 할 수 있는 드론의 수요는 갈수록 높아질 것이기 때문에 그리고 드론을 이용하는 사람들이나 국가가 많아질수록 드론 연구 개발직은 멋진 직업이 될 거예요. 전망도 매우 밝고요.

계속해서 드론의 활용이 높아질수록 어떤 새로운 직업이 필요할까요?

산업용 드론은 고성능 드론 플랫폼을 필요로 해요. 유튜브나 카카오 스토리, 틱톡 등이 플랫폼이 필요하듯 드론 역시 플랫폼이 필요한 거죠. 또 드론에는 카메라나 장비 등 페이로드도 필요해요.

이 모든 것이 원활하게 움직여야 드론이 제기능을 발휘할 수 있어요. 그리고 이를 위해서는 산업용 드론의 운용이 가능한 인력이 꼭 필요하죠.

드론이 더 넓게 더 선명하게 더 다양하게 볼 수 있도록 하기 위해 특수 카메라를 연구하는 것도 드론과 관련된 직업에 속해요.

드론 컨텐츠 제작자는 아주 멋진 사진을 촬영해 그 사진을 필요로 하는 사람들에게 판매도 가능해요. 이미 이를 실행에 옮기고 있는 사람들도 있어요.

드론을 이용해서 할 수 있는 일은 우리가 상상하는 그 이상이 될 수 있어요. 바로 여러분의 상상이 현실이 될 수 있는 것이죠.

이를 위해 드론과 관련된 수많은 분야를 체계적으로 교육받을 수 있는 학교도 생겼어요.

로봇 제작자, 드론 관련 운용사, 정비사, 소프트웨어 개발자를 비롯해 시스템 운영 관련 분야인 어플리케이션 개발자, 웹 개발자, 운영 및 보안관리 전문가, 드론 촬영 전문가, 무인항공 교육원 등 드론이 필요한 분야는 아주 많답니다.

이제 시작 단계지만 드론과 관련된 전문 교육은 여러분의 미래 직업을 더 폭넓게 선택할 수 있도록 해줄 것이라고 확신해요.

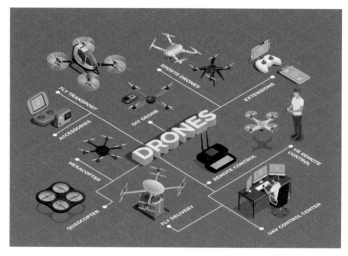

분야에 따라 이용되는 드론의 종류.

드론 관련 분야의 전문가가 되려면 어떻게 해야 할까요?

드론은 촬영, 택배, 농업, 군사, 환경 등 다양한 분야에서 수요가 커지고 있기 때문에 앞으로의 가능성과 현재 진행 중인 개발 환경을 발전시킬 수 있는 드론 전문 인력을 필요로 해요.

현재는 사설학원과 국가 교육을 받고 있지만 대부분 드론 조종사 양성 과정과 같은 실무적인 부분에 집중한 교육과정이 이루어지고 있어요.

그런데 드론은 우리가 앞에서 살펴본 것처럼 드론 전용 소프트웨어 개발과 드론의 성능을 향상시키기 위한 다양한 개발들이 이루어져야 해요.

최근 드론학과가 개설되기 시작했어요. 그중 한국IT직업전문학교에서는 실용적인 전문 인력 교육뿐만 아니라 드론 관련 시스템 엔지니어, 모바일 프로그래밍, 소프트웨어 개발, 프로그래밍 개발, 로봇기술 관련 교육을 하고 있다고 해요.

이는 앞에서 언급한 직업에 꼭 필요한 교육이에요. 전문가로의 성장을 돕고 다양한 산업 분야에서 능숙하게 드론 관련 연구와 작업을 할 수 있도록 드론학과에서는 하이브리드 앱 실습, 파이썬 실습, 빅데이터 응용개발, 인공지능 실습, 자율 드론 제작 실습, 사물인터넷 제작 실습 프로그램을 교육하고 시스템, 객체 지향, 윈도우, 모바일 관련 프로그래밍 능력도 교육한다고 해요.

코로나19의 백신이 무사히 만들어지고 치료제가 개발된다고 해도 세상은 또 다른 바이러스와의 싸움을 하게 될 것이라고 해요. 그리고 이는 비대면의 시대가 계속될 것이며 이것이 자리 잡게 되면 우리가 지금까지 알고 있던 세계가 아니라 새로운 세계와 직업이 자리 잡을 것이라는 말이기도 해요. 따라서 인터넷 쇼핑과 배달 음식은 더 많아질 것이고 이는 부족한 인력 대신 드론의 활용도가 더 높아질 것이라는 추측을 가능하게 해요.

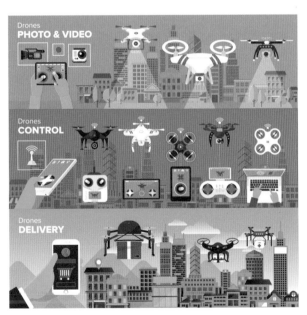

드론의 감시 기능과 배달 범위.

그만큼 드론이 많아질수록 사고를 예방하기 위해서는 체계 구축 및 운영 관제 시스템 설치, 특별법 제정, 사고 예방 등 다양한 문제를 개선하고 해결하는 것도 아주 중요해지고 있어요.

먼저 이러한 문제를 해결하는 나라는 다른 나라의 선례가 되어 중요한 위치를 차지할 수 있게 될 것입니다. 그 주역이 여러분이 되길 바라며 드론에 대한 이야기는 여기에서 마치겠습니다.

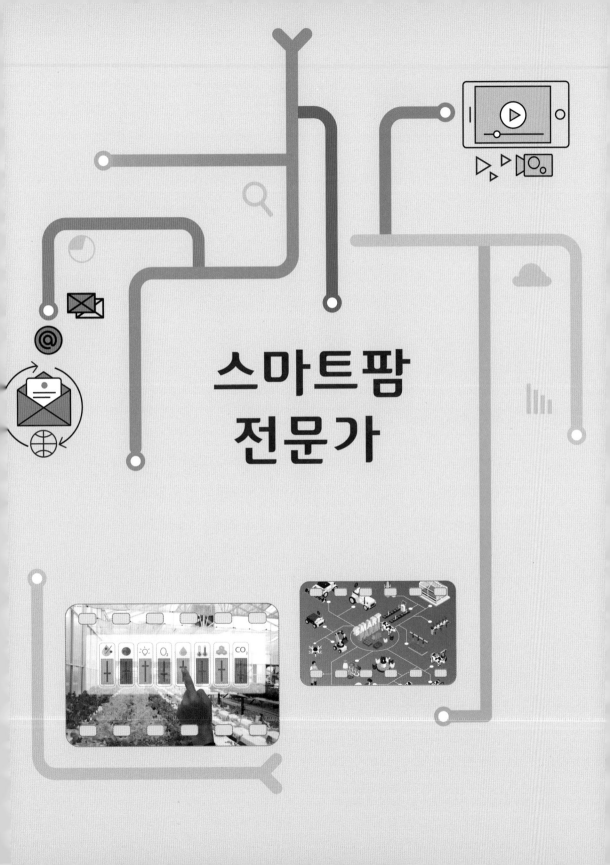

스마트팜
전문가

스마트팜 전문가란 무엇일까요?

모든 생명은 무엇이든 먹어야 살 수 있어요. 채식 동물은 풀과 나무를, 육식 동물은 동물을, 잡식 동물은 고기와 풀을 먹죠. 아무것도 먹지 않을 것 같은 풀과 나무도 물과 햇빛을 통해 광합성을 해서 먹고 살아요. 즉 생명은 살기 위해 에너지를 생산하는 일을 하고 있는 거죠. 그렇다면 우리 인간은 어떨까요?

우리는 채소, 고기, 생선 등등 아주 다양한 먹거리를 통해 에너지를 얻고 있어요. 즉 먹기 위한 생산활동을 하고 있는 거죠.

그렇다면 그 생산활동은 누가 할까요? 농업과 어업 그리고 낙농업을 직업으로 하는 사람들이 있어요. 그들이 열심히 일해 가꾼 소중한 먹거리들을 우리가 맛있게 먹고 있는 것이랍니다.

그런데 우리나라는 전 세계에서 가장 빨리 인구가 감소하고 있는 국가예요.

농업과 축산업 그리고 어업은 모두 많은 노동 시간을 필요로 해요.

채소와 곡식을 생산하는 농촌의 인구 감소
는 더 빨라요. 식량은 미래 사회에서 가장
중요한 무기이기도 해요. 사람은 먹지 않고
살 수는 없기 때문에 이렇게 소중한 식량 생
산을 할 수 없게 되어 대부분 또는 전량을
수입에 의존하게 된다면 식량 수출국에서 수출을 중단했을 때 수입국인 우리나
라는 식량 부족으로 큰 위험에 처하게 됩니다.

그래서 우리나라에서는 부족한 노동력을 해결하고 식량 생산을 늘리기 위해
다양한 방법을 모색하고 있어요. 그중 하나가 스마트팜이에요. IT의 세상에서도
식량 생산은 중요한 국가적 정책인 것이죠. 국민 생명을 책임지는 일이니까요.

그리고 4차 산업혁명에 코로나19라는 변수가 더해지면서 스마트팜에 대한 투
자는 더더욱 넓어질 것이라고 해요.

최근 우리나라에서는 한국판 뉴딜의 일환으로 디지털 전환, 비대면 산업 육성,
노후 시설물 스마트 관리체계 도입 등 3대 추진계획을 발표했어요. 또한 포스트
코로나 시대의 농업은 5G와 생명공학기술(BT)의 결합을 통해 부족한 노동력과

노동 조건을 개선하고 급격한 기후변화에 대응하는 그린 뉴딜 정책을 펼쳐 일자리와 안전한 먹거리를 생산하는 스마트팜으로 위기를 극복해야 한다고 했어요.

즉 지금까지 농부가 직접 모를 심고 농약을 주고 비료를 뿌리고 풀을 뽑는 것 대신 생명공학기술과 다양한 5G 기술로 체계적인 관리를 이루어 노동력 부족을 개선하는 거예요.

이를 위해서는 숙련된 스마트팜 전문가가 필요해요. 그동안 마을 사람들이 모여서 서로 도우며 했던 일들은 이제 기계와 IT 기술로 농작물의 생육상태와 환경에 대한 정보를 수집, 분석하여 스마트팜 시스템을 구축 관리하는 스마트팜 전문가가 담당하게 돼요.

스마트팜 농업이 적용되는 예시들 중 일부.

스마트팜 전문가가 되려면 어떻게 해야 할까요?

스마트팜이란 농작물 재배시설에 정보통신 기술과 사물인터넷기술을 접목하여 농업의 효율성을 개선하고 생산성을 높일 수 있도록 설계된 농장시스템을 말해요. 그리고 이런 스마트팜 시스템을 만들고 관리하는 전문 인력이 스마트팜 전문가예요.

농작물의 생육 상태와 환경, 다양한 기후 조건 등을 고려해 IT 기술로 관리할 수 있도록 설계된 스마트팜 농업은 모든 과정이 프로그램화되어 있기 때문에 많은 노동력을 필요로 하지도 않고 관리자가 하나하나 제어해줘야 할 필요도 없어요. 인공지능의 영역과 결합하게 된다면 이는 더더욱 효율적인 결과를 불러올 수 있답니다.

딥러닝 방식으로 프로그램된 스마트팜 농업은 농작물의 발육 상태. 토양 상태, 온도, 습도, 변화하는 날씨, 태양 에너지량, 이산화탄소 등 식물재배에 필요한 모든 정보를 실시간으로 분석해 자료를 제공하기 때문에 최적의 상품을 키워

낼 수 있어요. 여기에 잘 키워낸 상품을 시장의 상황과 연결시켜 상품 가치를 분석하고 출하시기를 계산하는 것도 가능해질 것입니다. 이 모든 것은 사물인터넷 기술을 통해 우리나라 전체가 자동화 시스템을 구축해 생산적 농장 관리를 하게 될 것이라는 의미예요.

드라마나 방송에서 보던 농촌의 모습이 산업화되고 기계화된 모습으로 바뀌는 것이 스마트팜인 것이죠.

이는 목축업과 원예업에서도 가능하며 좀 더 많은 연구가 이루어져야겠지만 어업에서도 가능해지게 될 것입니다. 스마트팜의 분야는 생산과 관련된 분야에서 더 무궁무진한 사업으로 확장이 가능해지는 것이죠.

따라서 스마트팜 전문가가 되려면 농업 기술과 정보통신 기술, 사물인터넷 기술을 공부해야 해요.

먼저 스마트팜은 농사를 짓는 것이기 때문에 기본적으로 작물에 대한 지식과 재배 기술을 알아야 해요. 즉 자신이 짓고자 하는 분야에 대한 기초 공부가 필요해요. 아무리 훌륭한 스마트팜 설비를 갖추고 있다고 해도 정작 재배해야 할 품목에 대해 아무것도 모른다면 어떤 상품에 대해 프로그램해야 할지를 모르게 되어 그 농사는 망치게 될 거예요.

상추만 해도 아주 많은 종류가 있어요. 지역에 따라 흙, 자연 환경 등이 다르기 때문에 그 지역에 맞는 쌀 품종도 달라요. 감자가 특산물인 지역, 바나나 재배가 가능한 지역도 달라요. 사람들의 소비 패턴에 따른 선호 음식도 달라지고요.

이 모든 것이 작물에 대한 지식이 있어야 판단할 수 있어요.

위의 지식들을 토대로 스마트팜 전문가는 상품을 선택해요. 그런 뒤 그 상품에 대한 다양한 정보를 수집해 최고의 상품을 생산해야겠죠. 고품질의 상품 재배만이 최고의 상품인 것은 아니에요. 이 상품을 가장 좋은 시기에 출하해서 고소득을 올리는 것까지가 스마트팜 전문가의 영역이에요.

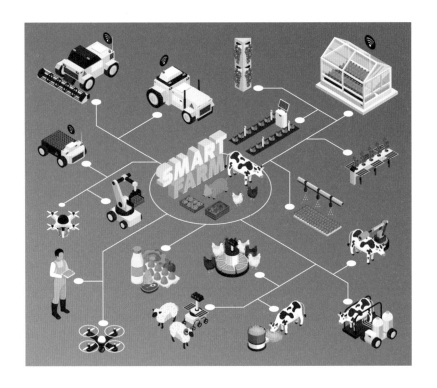

그래서 스마트팜 전문가는 사물인터넷 기술을 이용해 스마트팜 시스템을 완성해야 해요. 이 부분은 이미 기본 소프트웨어가 있지만 그 소프트웨어에 위에서 정리한 빅데이터 정보들을 바탕으로 작물에게 최적화된 생산적이고 효

스마트팜 시스템으로 돌아가는 미래 농장 이미지.

율적인 스마트팜 시스템을 만드는 것은 스마트팜 전문가의 일이에요. 즉 지금까지 준비한 데이터를 토대로 컴퓨터 프로그래밍과 알고리즘을 만들어내는 것이 스마트팜 전문가죠.

여기까지 해낸다고 해서 모든 것이 끝나는 것은 아니에요. 스마트팜 농장은 빅데이터 기반의 원격제어와 자동화로 운영되기 때문에 복잡한 노동력을 필요로 하지는 않지만 시스템에 버그가 발생할 수도 있기 때문에 언제나 상태를 관리해야 하며 문제가 생긴다면 그 문제점을 찾아내어 해결하는 일도 해야 해요. 그래서 전문 프로그래머를 고용하거나 소프트웨어 전문 기업과 계약해 관리를 맡기는 방법도 있어요.

만약 컨설팅 전문 스마트팜 전문가가 된다면 스마트팜 시스템을 도입하려는 농가에 컨설팅을 하거나 농가의 상황에 맞는 최적의 스마트팜을 구축할 수 있도록 예산과 경비, SNS를 이용한 홍보와 관리를 하는 사업도 가능해요.

이처럼 스마트팜 전문가는 직접 스마트팜 사업을 할 수도 있고 스마트팜 전문가의 영역을 살려 컨설턴트가 될 수도 있으며 스마트팜 프로그래머로 활동할 수도 있는 등 다양한 직업을 선택할 수 있어요.

스마트팜 전문가가 되려면 무엇을 준비해야 할까요?

농림수산식품교육문화정보원에서는 스마트팜 코리아라는 사이트(www. smartfarmkorea.net)를 운영하고 있어요.

이곳에서는 스마트팜 청년교육생을 모집해 20개월 동안 국가가 직접 스마트팜 농업을 위한 다양한 교육을 시행하고 있어요. 18세에서 40세 미만인 사람들이 스마트팜 농업에 관심이 있다면 신청 가능하며 교육과정이 끝나면 스마트팜 농업을 시작할 수 있는 지원도 해 주고 있어요.

대학에서는 스마트팜 도시농업과란 전문 영역부터 바이오시스템공학과, 농기계과, 컴퓨터공학과, 원예학과, 전자공학과, 농생물학과, 농업경영과 등을 전공하면 좀 더 유리해요.

우리나라에서는 스마트팜 사업을 크게 세 가지로 분류했어요.

❶ 스마트팜 시설 원예 분야

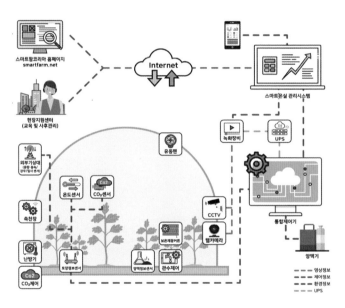

스마트 온실 주요 구성요소.

❷ 스마트팜 과수 분야

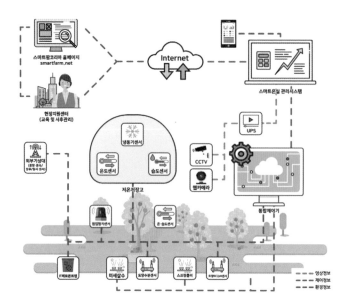

스마트 과수원 주요 구성요소.

❸ 스마트팜 축산 분야

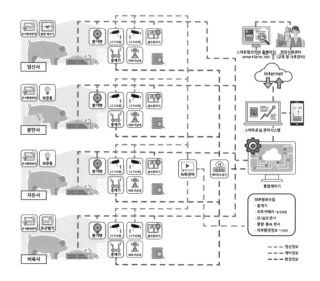

스마트 축사 주요 구성요소.

위의 이미지만으로도 스마트팜 사업을 어떻게 관리하게 될지 이해할 수 있어요.

2017년 농촌진흥청에서는 '정보통신 기술 전공자, 통계 및 농업 관련 전공자 중 정보통신 기술을 복수 전공하거나 부전공한 사람, 관련 자격증 소지자 및 운전 가능자'를 중심으로 60명의 대졸 스마트팜 전문가를 채용했어요.

이와 같은 채용 조건에서 알 수 있듯이 스마트팜 전문가는 정보통신, 컴퓨터공학, 농업관련학과, 통계 등을 전공하면 큰 도움이 될 거예요.

미래 먹거리 사업과 빅데이터의 활용에 흥미를 가지고 있고 농업에 대한 꿈이 있다면 지금부터 관련 정보와 자료를 모아 준비해 보세요.

포스트 코로나 시대의 스마트팜 전문가의 전망은 어떤가요?

이제 우리는 IT의 시대라는 4차 산업혁명의 시대에도 식량이 얼마나 중요한지 조금은 알게 되었어요. 먹지 않으면 살 수 없는 우리에게 식량은 생명을 살리는 무기인 것이죠. 따라서 전 세계의 주요 선진국에서는 농업을 보호하기 위한 노력을 해왔어요.

그리고 2020년 코로나19를 겪으며 우리가 더 절실하게 식량의 중요성을 깨닫게 되었어요.

이제 세상은 코로나 이전의 시대와 코로나 이후의 시대로 나누어졌어요. 앞으로의 시대는 바이러스의 시대이며 기후변화의 시대이기도 해요.

정성들여 키워놓은 농작물과 과일은 몇 번의 태풍이 오면 무너지면서 생산량이 줄어 가격 폭등을 불러와요. 코로나19로 대부분의 국가에서 셧다운을 시행하자 베트남은 쌀 수출을 막았어요. 베트남의 쌀을 수입해 식량을 해결하고 있던 홍콩을 비롯한 몇몇 국가들은 그로 인해 타격을 입었고요.

앞으로의 시대는 이와 같은 일이 반복될 것이라고 합니다.

기후변화로 불안정해진 식량 생산은 코로나 시대라는 변수가 겹치면서 1차산업이 아니라 IT와 결합된 강력한 4차산업의 한 분야가 될 수밖에 없었던 이유예요. 이제 스마트팜은 미래농업으로 세계적인 관심을 받으며 성장하고 있고 우리나라 역시 다양한 방법으로 지원을 아끼지 않고 있어요.

북극의 빙하가 녹아서 북극곰이 살 터전을 잃거나 꽃 피는 계절에 눈이 오거나 사람 키보다 더 많은 비가 내리는 등은 모두 이상기후로 인한 현상이에요.

극심한 노령화와 생산인구 감소, 농업 기피로 인해 많은 어려움을 겪고 이는 한국 농업의 현실을 잘 알고 있는 정부는 농촌진흥청을 통해 한국 실정에 맞는 표준화된 '차세대 한국형 스마트팜' 기술을 개발하며 청년 교육에도 힘쓰고 있어요. 정부는 핵심기술을 한국화하고 전문 인력을 양성해 스마트 영농 기술의 보급을 통해 안정적인 식량 생산국이 되는 것을 목표로 하고 있어요.

만약 여러분이 스마트팜 전문가가 되고 싶다면 스마트팜 코리아 홈페이지에 들어가 앞으로의 계획과 교육 지원 과정을 살펴보면 큰 도움이 될 거예요.

영농기술이 들어간 농촌의 모습은 빠르게 변화할 거예요.

그동안의 노동집약적 세상에서 이제 모든 것이 비대면 기술 개발에 집중되고 있는 포스트 코로나 시대가 되면서 5G의 기술은 사물인터넷의 세상과 만나 스마트팜 전문가의 전망을 더 밝게 해 주고 있어요.

그리고 스마트팜 농업의 중요성을 아주 잘 알고 있는 정부에서는 농식품 모태펀드, 농식품 크라우드 펀딩, 청년농업인 스마트팜 대출 등 스마트팜 농업을 시작하기 위한 자금을 지원하는 등 적극적으로 대처하고 있기 때문에 여러분이 선택해야 할 미래 직업 중 하나로 전망이 밝습니다.

도시 스마트팜 전문가

여러분 중에는 베란다나 옥상 등에 텃밭을 만들어 채소를 직접 재배해 먹어본 사람이 있을 거예요. 현재 도시텃밭의 면적은 지난 10여 년 동안 13배가 증가했다고 해요.

우리나라의 스마트팜 농업은 진화하고 있어요. 상도역 '메트로팜' 식물공장은 LED 조명과 수경재배 방식으로 샐러드용 야채류를 재배하고 있어요. 이곳에서 재배한 야채는 메트로팜 내부의 카페나 유통업체에 판매돼요. 여름에는 채소를,

겨울에는 허브류를 재배하며 실내 농장이기 때문에 안정적으로 생산이 되는 것도 큰 장점이에요. 견학이 가능한 곳이니 한번 찾아가서 보는 것도 좋아요.

최근 지하철역의 임대가 부진해지면서 도시철도 공사에서는 이와 같은 도시 스마트팜 농장을 점점 늘릴 예정이라고 해요.

코로나19로 경기불황이 오면서 빈 상가가 늘고 있어요.

민간 업체에서 운영하는 농장으로 자연재해와 관계없이 안정적 생산이 가능하기 때문에 고정 수익이 가능하며 매출의 일정 비율을 수수료로 서울교통공사에 지불하고 있어요.

식물공장의 시장성을 확인한 서울교통공사는 이제 지하상가를 통째로 스마트팜으로 바꾸기 시작했어요. 첫번째 사업으로는 상권이 완전히 죽어 10여 년 동안 공실로 남아 있던 3호선 남부터미널역과 연결된 3층으로 이루어진 지하상가 약 1700평을 100억 원을 투자해 국내 최대 규모 식물 공장형 스마트팜 단지로 바꾸고 있어요.

도시 스마트팜 농장의 예.

농촌진흥청이 27억을 투자하고 넥스트온과 리치앤코, 바른팜, LG전자, LG CNS 등이 참여해 다양한 기능을 갖춘 스마트팜 플랫폼으로 운영될 예정이라고 해요. 지하 1층은 지하 2층에서 생산되는 작물을 판매하고 유통하는 곳이 들어서고 지하 3층은 전문재배농과 창업농, 셰프의 육성을 지원해 일자리 창출과 농업의 전후방 산업을 키우는 공간으로 운영된다고 해요.

이뿐만 아니라 임대되지 않은 역내의 공간에 더 많은 스마트팜 농장과 농장과 연계된 사업을 할 예정이에요. 따라서 도시 농업에 관심이 있다면 이와 같은 시설들을 이용해 다양한 전문 교육을 받을 수 있으니 적극적으로 활용하면 큰 도움이 될 거예요.

포스트 코로나 시대에 도시 스마트팜 농업의 전망은 어떻게 될까요?

코로나19로 인한 비대면의 시대가 되면서 점점 재택근무와 자가격리가 일상화가 되어가고 있어요. 이는 삶의 패턴도 변화시켜요. 또한 좀 더 합리적인 생산에 대한 고민을 하게 만들었어요.

서울시에서는 마곡동에 도시농업이 가능하도록 도시농부 체험을 하는 테마파크인 '(가칭)농업공화국'을 건설 중이에요. 2023년 5월 완공 예정이며 1만 1817m²(약3600평) 면적에 1000억 원의 예산으로 농업전시관과 스마트팜, 도시농부 교육장 등을 지을 거예요.

그런데 왜 지방보다 비싼 서울 땅에서 도시 스마트팜 농장을 할까요?

스마트팜도시농업과가 최근 개설될 정도로 도시 스마트팜 농장은 블루오션으로 꼽히고 있어요. 시간과 거리를 단축시키고 언제 어느 때나 싱싱한 채소와 과

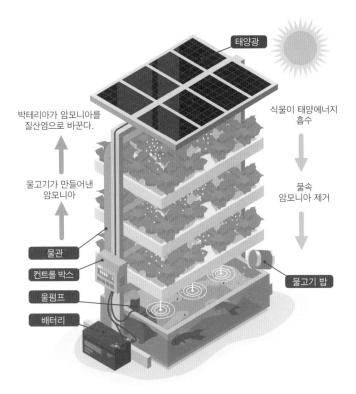

태양광

박테리아가 암모니아를
질산염으로 바꾼다.

식물이 태양에너지
흡수

물고기가 만들어낸
암모니아

물속
암모니아 제거

물관

컨트롤 박스

물펌프

배터리

물고기 밥

미래 도시스마트팜 모형도.

일을 공급받을 수 있으며 자연재해의 영향을 받지 않기 때문에 고품질의 안정적 공급이 가능하다는 장점을 가진 것이 도시 스마트팜 농장이에요.

따라서 샐러드바, 야채쌈집, 채소와 허브의 안정적 공급이 필요한 프렌차이즈 업체에는 이런 도시 스마트팜 농장이 중요한 파트너가 될 수 있어요.

도시농업의 새로운 가치 창출에 주목한 스타트업 스마트팜 회사인 마이땡스는 소형 식물공장 제작에 들어갔다고 해요.

도시농부를 꿈꾸는 사람들을 대상으로 옥상이나 마당, 베란다, 계단 한켠에서 키울 수 있는 간편한 농장 상품도 준비되고 있어요.

꼭 농사를 지어야만 스마트팜 농장이 아니라 아이디어와 스마트팜 농업에 대한 이해 그리고 빅데이터를 기반으로 한 사업 계획이 가능하다면 도시 스마트팜의 범위는 얼마든지 넓어질 수 있어요.

어떤 분야이든지 다양한 협업을 필요로 하는 만큼 여러분의 상상력을 키워서 포스트 코로나 시대에 4차 산업과 결합된 진화된 직업을 찾아 전문가가 되어 보세요.

빅데이터 전문가

빅데이터 전문가란 무엇일까요?

우리가 살고 있는 세상은 인 터넷으로 연결되어 있습니다. 이와 같은 디지털 환경에서 생 성되는 데이터는 수치 데이터 를 비롯해 문자와 영상 데이터 등 대규모 데이터가 짧은 주기 로 생성되고 있습니다. 포털의 검색량, 수많은 제시어들, SNS

빅데이터는 우리가 상상하는 그 이상의 거대한 데이터 를 말해요.

등에서 나타나는 거대한 데이터를 우리는 빅데이터라고 합니다. 그리고 쉴새없 이 쏟아지고 있는 이 빅데이터의 정보를 분석해 새로운 가치로 만들어내는 일을 하는 사람을 빅데이터 전문가라고 합니다.

'빅데이터'란 무엇인가요?

빅데이터란, 말 그대로 우리가 상상하는 것보다 훨씬 더 방대한 양의 데이터를 효율적으로 수집 분석하는 거대한 시스템이라고 생각하면 돼요.

처음 세상의 데이터는 책과 사람들의 말이 전부였어요. 그러다가 컴퓨터를 개발하면서 데이터는 점점 커져갔어요. 여기에 인터넷이 만들어지고 전 세계가 인터넷으로 연결되면서 그리고 모바일 기기가 발전하면서 사람들이 남기는 모든 것들이 데이터가 되기 시작했어요.

가령 옛날에는 영화관에서만 영화를 볼 수 있었어요. 그래서 어떤 영화를 몇 명이 보았는지 기록이 남아요. 다른 나라에서 그 영화가 상영될 수도 있고 안 될 수도 있기 때문에 어떤 영화에 대한 자료는 아주 한정적일 수밖에 없어요. 영화에 대한 데이터라면 그 영화를 제작한 자료들과 언론의 평, 영화관 관람객 수 등 매우 제한적인 것이죠.

그런데 지금은 영화를 관람하지 않아도 그 영화에 관심을 갖는다면 인터넷을 통해 자료를 찾아볼 수 있어요. 영화를 본 사람들은 후기를 남겨요. 후기를 본 사람들은 그 영화에 대한 기대나 생각을 글로 남길 수 있어요. 영화를 안 봐도 영화에 대한 데이터가 남게 되는 거죠.

그리고 영화를 볼 수 있는 방법도 많아졌어요. DVD, 넷플릭스나 왓차 등의 플랫폼을 통해서도 볼 수 있게 되었기 때문에 전 세계에서 마음만 먹으면 볼 수 있어요. 영화에 대한 기대감이나 평도 남길 수 있고요.

벌써 이 영화에 대한 데이터만 해도 어마어마하게 늘었죠? 사람도 늘고 접할 수 있는 기회도 늘고 영화에 대한 키워드도 다양화되었으니까요.

빅데이터는 이보다 더 많은 것들이 모이는 거예요.

이와 같은 예는 쇼핑, 교육, 학습, 검색 등 PC와 인터넷에 쌓이는 데이터에서 얼마든지 찾아볼 수 있어요. 사람이 pc, 타블렛, 핸드폰 등을 이용해 직접 제작한 동영상을 업로드하고 메일, SNS, 검색 등을 쓰며 쌓이는 정보의 양은 우리의 상상을 초월합니다. 또한 곳곳에 설치된 CCTV가 촬영하고 있는 영상 정보도 데이터로 저장되고 있어요. 한 마디로 우리가 사는 모든 것이 데이터로 쌓이는 세상이 된 것이에요.

그래서 2012년 2.7제타바이트였던 글로벌 데이터량은 2025년까지 175제타 바이트로 급증할 것이라고 예측되었어요(IDC International Data Corporation 자료). 그런데 코로나19로 비대면과 재택근무가 급증하면서 개인 맞춤형 서비스와 AI 데이터

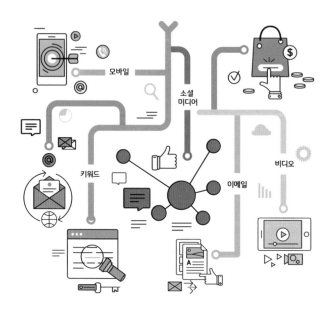

수요의 확대로 글로벌 데이터량은 더 폭발적으로 증가하고 있어요. 업계에서는 이와 같은 이유로 빅데이터의 시장도 고속 성장 사업이 되었다고 말해요.

여기에는 인공지능 원리가 도입되고 있는 인터넷 기반의 기계와 기계 사이에서 서로 주고받는 정보 등의 확산도 디지털 데이터량의 중요한 증가 이유 중 하나예요.

1제타바이트는 1000엑사바이트(exabyte)이고, 1엑사바이트는 미 의회도서관 인쇄물의 10만 배에 해당하는 정보량이라고 하니 여러분은 175제타바이트가 얼마나 될지 상상이 되세요?

데이터의 가장 기본이 되는 단위는 비트예요. 다음이 바이트이고 차례로 킬로바이트(KB), 메가바이트(MB), 기가바이트(GB), 테라바이트(TB), 페타바이트(PB), 엑사바이트(EB), 제타바이트(ZB) 순서로 구성되어 있어요. 빅데이터라고 하면 페타바이트 이상의 용량에 해당하는 데이터를 말해요. 제타바이트 다음은 요타바이트, 로나바이트, 쿼타바이트 순이고요.

사람에게 언어가 있듯이 컴퓨터도 0과 1로 구성된 이진법 숫자의 형태의 언어가 있어요. 컴퓨터가 이 0과 1을 이용한 연산을 통해 쉽게 이해할 수 있도록 정리되어 있는 데이터를 '정형 데이터', 컴퓨터가 이해할 수 없는 형태의 데이터를 '비정형 데이터'라고 해요.

우리가 흔히 쓰는 엑셀파일이 정형 데이터의 좋은 예예요. 표계산을 하는 프로그램인 엑셀파일은 컴퓨터가 이해할 수 있는 연산 가능한 수식 형태로 데이터가 정리되어 있어요.

비정형 데이터의 대표적인 예인 엑셀파일.

비정형 데이터로는 문서, 동영상, 사진, 웹 검색정보, SNS, 유튜브, 자연어(사람 언어) 등이 있어요. 비정형 데이터에 속하는 예들을 보면 정형 데이터보다 비정형 데이터가 압도적으로 많은 것을 알 수 있을 거예요. 5G 시대를 맞이해 사물인터넷과 증

비정형 데이터의 대표적인 예.

강현실, 웨어러블 등 4차 산업의 눈부신 발전도 비정형 데이터의 수를 폭발적으로 늘리고 있고요.

그래서 빅데이터 분석은 물고기가 몰려다니는 어장처럼 수많은 가능성을 가진 바다와 같답니다.

이를 위해 국가와 기업들은 빅데이터를 분석하고 목표를 위한 정보를 정리해

많은 기업과 국가가 빅데이터를 효율적으로 분석하기 위해 슈퍼 컴퓨터에 투자하고 있어요.

낼 수 있는 빠른 슈퍼컴퓨터에 많은 투자를 하고 있어요. 아무리 좋은 정보들이 모여도 비정형 데이터에서 필요한 정보를 정리해 빠르게 분석하고 이용할 수 없다면 소용이 없거든요.

마지막으로 빅데이터는 정보의 가치성이 높아야 해요. 정보의 홍수시대에 살고 있는 우리에게 의미 없이 던져지는 정보들은 전혀 가치가 없기 때문에 수많은 데이터 속에서 가치 있는 정보를 분석해 내는 것이 바로 빅데이터의 활용 목적이에요.

이런 빅데이터가 활용되는 분야는 이미 수없이 많지만 계속해서 증가추세에 있어요. 어쩌면 가장 멋진 블루오션 중 하나가 아닐까 싶어요. 앞으로 사물인터넷과 인공지능, 웨어러블 기기의 발전이 가속화될수록 빅데이터의 활용 분야 또한 엄청나게 확대될 거예요.

이제 구체적으로 사용되는 예들을 몇 가지 소개할게요.

빅데이터는 처음 마케팅 분야에서 활용되었지만 점차 영역을 확대해가고 있는데 그 안에는 의료 분야도 포함됩니다.

구글의 플루 트렌드는 사람들이 감기에 걸리면 약국이나 병원을 가기 전에 구글 등의 포털 사이트에서 정보를 검색하는 점에 착안한 것이에요.

2008년부터 검색 정보와 위치를 기반으로 미국의 바이러스 확산 상황을 알려주는 서비스로 플루 트렌드를 이용해 감기의 확산과 예측이 가능해져 의료 분야에서 대응할 수 있도록 하고 있답니다.

코로나 시대에 만원 지하철을 타는 사람들의 위험도를 줄이기 위한 빅데이터 활용도 있어요. 여기에는 가중그래프라는 수학모델과 빅테이터의 크기를 줄이는 햄샌드위치 정리라는 수학 기법도 이용되었어요.

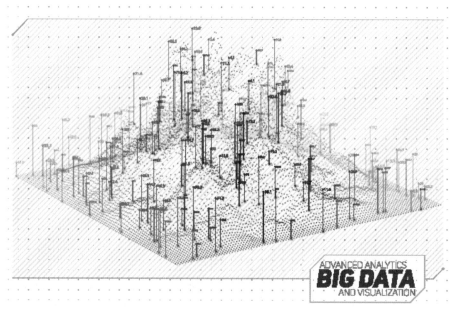

3D로 모델링된 빅데이터의 이미지. 우리가 살고 있는 세상은 수학을 기반으로 한 IT의 세상이며 빅데이터도 여기에 해당돼요.

서울대학교 수리학부 연구팀에서는 2016년부터 2018년까지 직장인이 출퇴근하는 월요일~금요일의 데이터를 분석했어요. 서울교통공사가 제공한 암호화된 T머니 데이터를 분석해 구간별 혼잡도를 계산했어요. 그리고 위에서 언급한 수학적 방법들 외에도 다른 수학적 방법을 이용해 가장 분비는 승하차 구간과 시간대를 찾아냈어요.

이 정보를 통해 탑승자 주거지역도 찾아낼 수 있었으며 이를 토대로 코로나19로부터 지하철 내 감염을 막을 방법을 정부에 제안했어요.

우리가 이용하는 서울 심야버스 노선도도 이런 빅데이터를 이용해 정한 것이에요.

정말 많은 일을 할 수 있다는 것이 보이죠?

그런데 이처럼 우리 삶을 더 건강하고 편리하게 해줄 수 있는 빅데이터는 무궁무진한 정보를 가지고 있기 때문에 부작용도 나타나고 있어요.

빅데이터 안에 우리의 정보가 담겨 있기 때문에 누군가가 해킹하게 되면 개인정보뿐만 아니라 사회적인 네트워크 전체가 위험에 노출될 수 있어요.

5G의 시대가 되면서 사물인터넷은 눈부시게 발달하고 있고 스마트폰 안에는 나의 개인정보 대부분이 담기기 시작했어요. 연락처와 메신저 내용, 메일, 클라우드에 저장된 작업물들, 구독을 누르고 즐겨 보는 동영상뿐만이 아니라 냉장고, 세탁기, 청소기, 출퇴근에 대한 정보와 집 정보까

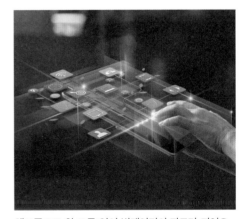

핸드폰으로 한 모든 일이 빅데이터의 자료가 되어요.

IoT의 세상이 위험하다고 해서 외면할 수는 없어요. 이미 IoT의 세상은 시작되었기 때문에 보안 관리에 더 철저해져야 해요.

지 모든 개인적 데이터들이 인터넷을 타고 빅데이터 저장소에 모이게 되면 해킹되었을 때 그 위험성이 매우 커지게 되는 것이죠.

실제로 인터파크, 알라딘, 쿠팡, 네이버 심지어는 보안이 생명이라는 은행의 자료마저 해킹당했다는 뉴스를 본 적 있을 거에요.

따라서 이제 시작된 빅데이터가 가장 먼저 그리고 꼭 해결되어야 할 중요한 과제는 보안이에요.

아침에 일어나 다시 잠들 때까지 우리의 모든 삶이 데이터화되어 빅데이터 안에서 수집되고 분석되는 그런 세상에 살게 될 미래를 걱정하는 학자들도 많아요.

하지만 그렇다고 이미 변화가 시작되고 달리고 있는 빅데이터의 세계를 외면할 수는 없어요. 그래서 문제가 될 만한 것들을 보완하는 기술과 제도도 함께 만들어가면서 위험을 사전에 차단할 수 있도록 우리 모두가 노력해야 해요.

눈을 감고 상상해 보세요. 빅데이터가 여러분의 삶을 어떻게 변화시킬지 떠올려 보세요. 긍정적인 방향의 빅데이터 기술은 우리의 삶의 질을 높여 줄 수 있어요. 그 전문가는 여러분일 수도 있고요.

빅데이터 전문가는 무슨 일을 할까요?

빅데이터 전문가는 방대한 빅데이터를 활용해 사람들의 행동이나 시장의 변화, 사회의 변화를 분석할 수 있는 정보를 제공해요. 즉 방대한 빅데이터 안에서 사용자가 원하는 가치 있는 데이터를 수집, 분석, 예측하여 활용할 수 있도록 돕는 일을 하는 것이죠.

그러기 위해서는 많은 전문 지식을 공부해둬야 해요. 빅데이터 분석을 위한 데이터 마이닝, 자연어 처리, 패턴 인식, 기계어 학습 등 다양한 분석 기술을 다루고 있으며 비정형 데이터를 분석하기 위한 텍스트 마이닝, 오피니언 마이닝, 사회연결망 분석에 대한 분석 기술들에 대한 이해도 필요해요.

이러한 정형, 비정형 데이터 분석에 하둡(데이터 분산저장 및 처리시스템)이나 NoSQL 프로그램 등이 쓰이는 데 그중 하둡은 여러 대에 분산되어 저장되어 있는 데이터를 효율적으로 지원해서 빅데이터 처리를 돕는 시스템으로, 야후와 페이스북에서 사용하고 있어요.

데이터 분석 기술을 통해 수집, 분석된 데이터를 시각화하는 작업도 빅데이터 전문가가 하는 일 중의 하나예요.

데이터 시각화란, 분석된 데이터의 결과를 사람들이 이해하기 쉽도록 표와 그래픽을 이용해 전달하는 과정을 말해요. 대표적인 프로그램으로 R과 D3.js가 있어요.

빅데이터 전문가는 금융, 유통, 제조 등 거의 모든 분야의 회사 경영에 도움이 되는 정보를 만들어 제공할 수 있어요. 이를 위해 시스템 소프트웨어 개발자, 응용 소프트웨에 개발자 등 정보통신기술 분야의 전문가들과 협업을 하고 있어요. 또한 공공기관이 필요로 하는 정보도 제공할 수 있어요.

빅데이터 분석 기술들은 계속 개발이 진행되고 있어요. 빅데이터는 수많은 분야에서 다루고 있기 때문에 누구보다 높은 수준의 정보를 제공하기 위해서는 문화 콘텐츠, 금융, 마케팅, 의료, 보안, 교육 등 사회 전반에 걸쳐 일어나는 변화를 관찰하고 관심을 놓지 않는 것이 매우 중요합니다.

빅데이터 전문가가 되려면 무엇을 준비해야 할까요?

빅데이터 전문가는 빅데이터 활용을 위한 전문 분석 기술과 고도의 전문지식을 필요로 합니다. 이를 위해 통계학, 컴퓨터 공학, 산업공학, 마케팅, 경영학 등을 전공하면 좋습니다.

이와 관련된 경험을 쌓아둔다면 이론을 적용할 수 있는 기회를 가질 수 있기 때문에 아주 좋은 공부가 될 것입니다. 연세대학교, 충북대학교, 울산 과학기술대학교, 카이스트 등에서 빅데이터 관련 석·박사 과정을 배울 수도 있으며 한국데이터베이스진흥원에서 단기 교육과정을 거칠 수도 있어요. 또한 빅데이터 활용 센터나 빅데이터 아카데미 등에서도 전문가 교육과정에 참여할 수 있습니다.

우리는 책을 통해 인문, 사회, 문화, 철학 등 다양한 분야를 간접 경험할 수 있어요.

아직 이러한 과정에 참여할 수 있는 연령이 아니거나 상황이 안된다면, 독서를 통해 내가 경험하지 못하는 분야에 대한 지식과 사회 전체를 바라볼 수 있는 분석적인 사고와 통찰력을 기르는 것부터 시작해 보세요.

빅데이터는 새로운 기술들이 발전하는 분야이기 때문에 사회 전반에 대한 관심을 유지하며 전문 지식을 공부해야 해요. 동시에 창의적 사고력도 필요로 합니다. 주어진 빅데이터를 어떻게 어떤 방법으로 분석해서 예측까지 갈 것인지는 빅데이터 전문가의 영역이니까요.

우리나라에서는 한국데이터진흥원에서 주관하는 빅데이터 관련 국가공인자격증으로 '데이터 아키텍쳐전문가'와 '데이터 준전문가'가 있습니다.

관련 기관 및 단체는 다음과 같아요. 빅데이터에 대한 흥미로운 정보들이 바로바로 업데이트되고 있으니 관심이 있다면 홈페이지를 방문해 보세요. 자격증에 대한 정보도 제공되고 있습니다.

한국빅데이터학회	http://www.kbigdata.kr
한국빅데이터서비스학회	http://www.kbigdata.or.kr
한국데이터진흥원	http://www.kdata.or.kr
서울빅데이터캠퍼스	https://bigdata.seoul.go.kr/main.do
미래직업협회	http://www.kfva.org

'데이터 아키텍쳐전문가'와 '데이터 준전문가'에 응시할 수 있는 자격은 다음과 같아요.

❶ 4년제 졸업 또는 졸업예정자

❷ 3년제 전문대 졸업자＋1년 경력

❸ 2년제 전문대 졸업자＋2년 경력

❹ 순수 경력이 4년 이상 된 자(경력의 기준이 아주 까다롭기 때문에 관련 조항을
꼼꼼하게 살펴보아야 해요).

이 4가지 기준 중 한 가지 조건에 해당되면 빅데이터 전문가 자격 시험에 응시할 수 있어요.

4차 산업혁명과 포스트 코로나 시대에 사람들의 삶에 관심이 많고 사회에 대한 호기심이 강하다면 그리고 끈기와 IT의 세계가 궁금하다면 빅데이터 전문가가 되어 새로운 세상을 만드는 주인공이 되어 보세요.

포스트 코로나 시대에 빅데이터 전문가의 전망은 어떤가요?

중앙방역대책본부에서는 코로나19의 세상에 대해 다음과 같이 말했습니다.

"코로나19 발생 이전의 세상은 다시 오지 않는다. 이제는 완전히 다른 세상이다. 생활 속에서 감염병 위험을 차단하고 예방하는 방역활동이 우리의 일상이다."

미래학자 토머스 프리드먼은 뉴욕타임스에 인류사는 이제 B.C.(Before COVID-19)와 A.C.(After COVID-19) 즉, 코로나 이전과 이후로 나뉠 것이라고 말했습니다.

우리는 이제 확실히 알고 있습니다. 코로나19가 일어나기 전의 세상은 돌아오지 않는다는 것을요. 코로나는 사람들이 모이는 것을 금지시켰고 여행을 못하게 하고 있으며 학교에 가고 회사에 출근하는 대신 인터넷으로 배우고 일을 하게

하는 세상을 만들었습니다.

비대면의 세상은 그래서 지금까지의 세상과는 다른 세상입니다. 우리가 막연하게 생각했던 미래의 세상을 코로나19가 앞당기고 있습니다. 이를 통해 지금 나타나고 있는 크고 작은 변화들이 앞으로 우리가 살아가게 될 미래를 짐작할 수 있는 퍼즐 같은 조각들임을 기억해야 합니다. 그리고 이 문제 해결에 빅데이터는 큰 길잡이가 되어줄 것입니다.

위험을 최소한으로 줄이고 안전하게 공공시설을 이용하기 위해서는 공공시설의 빅데이터를 분석해 모든 사람들의 불이익을 최소한으로 줄이면서 분산해 이용할 수 있는 방법을 찾아야 합니다. 또한 미래의 불안을 해소하기 위한 플랜을 짜고 소상공인들을 보호하기 위한 방법도 찾아야 합니다.

포스트 코로나 시대가 되면서 빅데이터의 활용은 더 활발해지고 있습니다.

졸업과 입학식이 사라지면서 꽃과 관련된 직업이 어려움을 겪고 있습니다. 결혼식 풍속도도 바뀌고 있습니다. 2020년에는 천만 영화도 없었습니다. 콘서트는 중지되었고 연극과 뮤지컬 등도 입장관객을 제한하게 되었습니다. 커피숍, 미용실, 음식점, pc방 등 소상공인의 경제 활동도 위축되었습니다. 사람들이 해

코로나19는 졸업식과 졸업 꽃다발이 있는 일상을 사라지게 했어요.

인적이 끊긴 거리를 소독하고 있어요.

텅빈 공항의 의자들. 사회적 거리두기의 스티커도 보여요.

외 여행을 가지 못하게 되면서 여행업계와 항공, 숙박시설, 관광지의 서비스업종 등이 큰 타격을 입었습니다.

어려워진 경제 상황으로 이러한 곳들이 버티지 못하고 폐업하게 된다면 관련 재료를 납품하는 업체들도 어려워집니다. 납품 업체는 또 다른 회사들과 연결되어 있습니다. 그리고 결국 이런 상황은 국가의 경제를 어렵게 만듭니다. 세금이 걷히지 않는다면 국가는 국민을 위해 일을 할 수 없게

코로나19로 운행을 멈춘 지하철 내부.

되니까요.

코로나19로부터 건강을 지키기 위해 실시한 1~2개월의 셧다운은 수많은 실업자를 만들어냈습니다. 2020년 전 세계 대부분이 경제성장률이 마이너스를 기록했습니다. 그리고 2021년에도 여전히 코로나19의 위험은 계속될 것이라고 합니다.

그렇다면 우리는 어떻게 이 위기를 벗어날 수 있을까요?

빅데이터가 이와 같은 상황을 풀 수 있는 중요한 열쇠 중 하나가 될 수 있습니다. 대면 마케팅을 하고 인구밀도가 높은 지역을 기반으로 하던 사업은 비대면으로 활성화된 사업으로 아이템을 바꾸고 있습니다.

비대면에서 사람들이 선택한 것 중 하나는 홈트(홈트레이닝)입니다. 혼밥과 혼술이 가능한 제품들이 선보여졌고 인터넷마켓은 높은 성장률을 보이고 있습니다.

인터넷 검색량과 유튜브 조회수의 증가율 분식, 관련 물품의 판매 실적 등을 분석한 빅데이터 자료는 성공을 위해 새로운 시대를 준비할 때 필수적입니다.

빅데이터의 활용과 전망은 매우 밝습니다. 4차 산업혁명시대 마케팅과 새로운 사업발전의 열쇠가 되어줄 것이라고만 생각했던 빅데이터는 의료와 국가재난에도 큰 도움이 되고 있음을 확인할 수 있는 예는 얼마든지 있습니다.

국가는 빅데이터를 기반으로 사람들이 가장 많이 모이는 날짜와 장소를 찾아내고 그에 대한 대책을 마련합니다. 코로나19에 걸렸던 사람들의 의료기록을 모두 분석해 입원실을 확보하고 연령층의 집중도를 고려해 의료계획을 세웁니다.

이처럼 빅데이터를 정확히 분석해 자료를 찾고 미래 예측이 가능한 빅데이터 전문가의 수요는 늘어날 수밖에 없습니다. 하지만 현재 빅데이터 전문 인력은 많이 부족한 상태입니다.

빅데이터 전문가는 대기업의 빅데이터 관련부서를 비롯해 마케팅 부서, 데이터 전문 업체, 정보통신 시스템 통합 업체 등 필요로 하는 곳이 아주 많습니다.

현재 구글, 아마존, IBM, Oracle 등과 같은 인터넷과 소프트웨어 기업에서는 빅데이터 시장 선점을 위해 엄청난 투자와 치열한 경쟁을 하고 있어요. 우리나라도 SK, KT 등의 통신회사와 카카오, 네이버 등이 빅데이터로 여러 가지 가능성들을 확인하며 사업에 적용시키고 있어요.

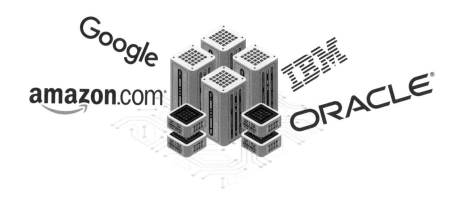

'데이터 사이언티스트'라고도 불리는 빅데이터 전문가의 빅데이터 분석과 예측은 시장의 동향 파악과 미래 사업의 방향에 키맨 역할을 하며 리스크를 줄여줄 수 있을 거라는 기대가 높아요.

때문에 빅데이터에 쏠리는 수많은 기업들의 관심과 기대는 상상 이상이라고 할 수 있지요. 4차 산업혁명 시대를 이끌어 가는 가장 핵심적인 기술로 꼽히던 빅데이터는 이제 코로나 시대 새로운 길을 닦는 길잡이가 되면서 그 기술을 이끌어 갈 빅데이터 전문가는 매우 기대되는 유망직업으로 손꼽히고 있습니다.

웨어러블 전문가

웨어러블 전문가란 무엇일까요?

손목, 팔, 머리, 눈 등 몸에 착용하는 형태의 웨어러블 디바이스와 IT 기술을 접목하여 사용자의 편의를 위해 다양한 제품을 개발하는 전문가를 말해요. 스마트폰의 대중화로 스마트 디바이스가 발전하면서 우리가 상상하는 웨어러블 디바이스 전문가는 스마트 웨어러블 디바이스 전문가를 의미해요.

웨어러블이란 무엇인가요?

초소형 부품과 옷으로도 만들 수 있을 정도로 초박막형의 플렉서블 디스플레이, 스마트 센서 등의 최첨단 IT 기기를 사용 목적에 따라 몸에 지니고 다닐 수 있는 기기로 만드는 기술을 말해요. 좀 더 쉽게 설명하면 웨어러블은 몸에 착용하는 컴퓨터에요.

이와 같은 첨단 웨어러블 기술은 스마트워치와 같은 착용 컴퓨터^{wearable} ^{computer}, 스마트 의류$^{smart\ clothes}$, 'VR 고글'이라고 불리는 HMD$^{Head-mounted}$ ^{display}와 같은 가상현실 체험기기 등이 대표적이에요.

2010년대에 무선통신 인프라가 구축되고 스마트 디바이스가 발전하면서 본격적인 웨어러블 시장이 형성되기 시작했어요.

현재 가장 발달된 웨어러블은 우주복이에요. 진공상태의 우주에서 작업을 수행해야 하기 때문에 중력의 영향이 미미한 우주는 사람에게 매우 위험한 곳이에요. 그런 곳에서 생활하며 연구를 하는 우주인을 보호해야 하는 만큼 현재 존재하는 최고의 기술을 담은 것이 우주복이에요. 우주복은 우주인들의 신체 정보와 헬스 케어 기능을 통해 그들을 보호할 수 있도록 설계되어 있어요.

IDC가 2017년 발표한 자료에 따르면 2017년도에 전 세계 웨어러블 디바이스 제품은 1억 1300만대였으며 2021년도가 되면 2억 2200만대가 될 것이라고 전망했어요. 4년 동안 18.4% 이상 성장할 것이라고 예측한 것이죠.

또한 단순 기능의 베이직 웨어러블 디바이스 형태에서 벗어나 다양한 기능이 포함된 스마트 웨어러블 디바이스가 주류가 될 것이라고 해요.

웨어러블의 이용 범위는 개인을 위한 것뿐만 아니라 산업, 의료, 군사 등 많은 분야에서 활용되고 있으며 높은 가치와 미래성을 인정받아 많은 기업과 국가에서 적극적으로 투자하고 있어요.

웨어러블의 현재와 미래의 전망은 어떤가요?

웨어러블의 역사는 1960년대에
신발과 시계에 카메라나 계산기를
부착하려던 시도에서 시작되었어요.
하지만 몸에 착용하는 컴퓨터 같은
웨어러블이 우리 생활에 본격적으로
등장한 것은 2013년으로 보고 있어
요. 대중에게 스마트폰이 일상화되

애플사에서 나온 애플워치와 연동되는 애플폰.

면서부터 웨어러블의 시대가 열리기 시작한 것이죠. 스마트폰이 웨어러블 디바
이스를 컨트롤하는 중심매개체 역할이 가능했기 때문이에요. 스마트 웨어러블
디바이스란 이름이 잘 어울리는 이유랍니다.

물론 모든 웨어러블 기기에 스마트폰이 필요한 것은 아니에요. VR 고글 등의
가상현실 체험기기 등은 스마트폰으로 연결시키지 않아도 되거든요.

하지만 무선통신기술이 필요한 것은 분명하며 손에 쥔 컴퓨터에 가까운 스마
트폰은 다양한 기능을 수행하는데 간편하기 때문에 최적에 가깝죠.

현재 웨어러블 디바이스가 다양해짐에 따라 헬스, 의료, 패션, 공연, 전자기기
등으로 웨어러블 디바이스 기능은 확장되고 다변화되고 있어요.

대표적인 스마트 웨어러블 기기의 예로는 다음과 같은 것들이 있어요.

2013년 판매가 시작된 구글 글래스는 안경 형태의 증강현실 기술을 이용한

컴퓨터예요. 구글 글래스를 쓰면 음
성 인식을 통해 다양한 정보를 눈 앞
에서 얻을 수 있어요.

그러나 구글 글래스는 개인의 사생
활 침해와 정보보호에 대한 문제로
논란이 되고 있어요.

구글 글래스.

다른 사람의 권리를 침해하는 웨
어러블 기기에 대한 논쟁을 불러오면서 이 제품은 대중들에게 다가서지는 못했
어요. 그래서 웨어러블 디바이스 개발에는 이런 문제들을 사전에 예방하기 위한
조치들도 필요해요.

삼성과 애플, LG 등에서 개발한 라이프 밴드들은 일상생활의 리듬을 기록하
고 맥박 측정 등의 의료 정보를 확인할 수 있어요. 환자나 지병이 있는 사람이
라면 병원과 연계시켜 활동기록이 없으면 병원에 연락이 갈 수 있는 기능도 있
어요.

스마트 워치의 이용 예와 다양한 모습.

현재 가장 기대하고 있는 웨어러블 분야가 바로 의료 분야 중심의 웨어러블 기기예요.

인구 절벽 사회, 고령화 사회가 되면서 노동인구가 줄어드는 문제와 열악한 근로 환경의 개선으로 사람을 도울 수 있는 기술이 바로 웨어러블 기기 특히 웨어러블 로봇이 해당되어요.

상상해 보세요. 군대 또는 공장에서 일하다가 다쳐서 다리를 잃거나 손가락을 잃거나 시력을 잃은 사람에게 잃은 부분의 역할을 대신할 수 있는 웨어러블 기기는 큰 희망이 될 거예요.

무거운 짐을 옮겨야 한다면 여러 사람이 협동해서 해야 할 일을 옷 자체가 힘을 내는 웨어러블 기기를 입고 혼자 작업할 수 있도록 연구 중이기도 해요.

춥고 더운 것을 조절해주는 의복이나 맛있는 요리가 가능해지는 앞치마도 만들 수 있어요.

웨어러블 로봇을 연구하고 있는 모습.

아기의 침이나 기침 등을 닦거나 묻게 되는 아기의 턱받이에 아기 정보가 있어서 감기 기운이나 컨디션 난조, 이상 유무를 확인할 수 있다면 아기의 건강한 케어에 큰 도움이 될 것입니다.

병원의 환자가 입는 환자복에는 그 환자의 병명을 비롯해 다양한 정보를 담아요. 그래서 만약 환자가 열이 올랐다거나 체온이 내려간다거나 혈압이 상승했다거나 수술한 부위에 이상이 생겼을 때 환자의 옷 색깔이 바뀐다면 누구나 환자의 이상을 눈치채고 병원에 알려 환자를 도울 수도 있어요.

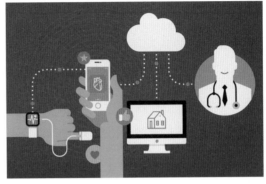

웨어러블은 의료 분야에도 큰 도움이 될 것으로 보고 있어요.

이와 같은 상상을 현실로 만들기 위해 지금도 많은 웨어러블 전문가들이 창의적인 상상력을 발휘해 연구 중에 있어요.

그리고 우리도 이와 같은 웨어러블의 도움을 받으며 생활할 날이 곧 올 것입니다.

웨어러블 디바이스의 종류로는 무엇이 있을까요?

먼저 스마트 워치와 같은 액세서리형 디바이스가 있어요. 손목에 두르는 밴드 타입의 헬스케어 제품이나 구글 글래스와 같은 안경 스타일, 블루투스 헤드셋, 장애인과 노령자들의 보행보조 및 산업현장에서 무거운 물건을 손쉽게 들어 올릴 수 있도록 제작된 웨어러블 로봇 등이 해당되어요. 현재 우리가 손쉽게 접할 수 있는 것이 손목형 밴드나 워치형인데 애플은 스마트폰과 연결시켜 스트리밍 서비스가 가능한 애플워치3을 출시한 상태예요.

직물 안에 센서를 부착해 의류 형태로 만들어 입는 웨어러블 디바이스도 있어요. 전도성 소재와 센서를 이용한 것으로 다양하게 이용 가능해요. 예를 들어 도로에서 작업을 하는 사람들이 입는 옷에 LED 형태로 작업을 알리는 글자가 나타난다면 교통사고의 위험을 줄일 수 있어요. 또 추운 겨울 따뜻하게 해주는 웨어러블은 외부 현장에서 일하는 사람들에게 추위를 막아줄 수 있어요.

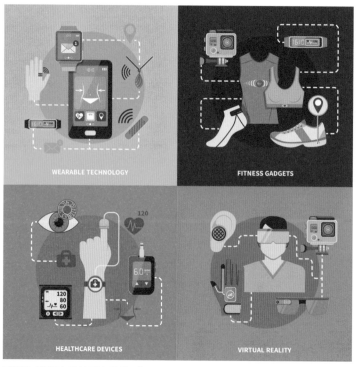

다양한 형태의 웨어러블 활용 예.

미국의 일부 의료기기 업체들은 전문 헬스케어 기능이 포함된 웨어러블 디바이스를 개발 중이에요. 판매 승인이 완료된 것도 있어요. 매드트로닉은 심장부정맥을 진단하는 조끼를 개발했고 얼라이브 코르도 심전도 검사가 가능한 스마트 워치도 개발되었다고 해요.

신체부착형은 몸에 부착하여 사용하는 형태의 웨어러블 디바이스에요. 의료장비 등에서 찾아볼 수 있는데, 통증완화와 근육치료 등에 이용되는 패치와 심장, 근육 등의 신호측정에 쓰이는 전자문신이 여기에 속해요.

생체이식형 웨어러블도 현재 연구 개발 중이에요. 보통 칩 형태인데 당뇨병 지수를 측정하는 스마트 콘텍트 렌즈나 체지방과 혈관 이상을 탐지하거나 미세 암세포를 제거하는 칩 등이 연구되고 있어요. 암 조기 진단이 가능한 손목형 웨어러블 디바이스 개발 발표도 있기 때문에 미래의 웨어러블 디바이스 시장의 확장 가능성은 대단히 높아요.

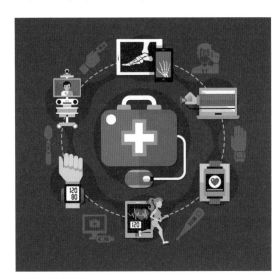
스마트 헬스케어.

이외에도 3D 프린터를 이용한 장기이식 연구도 이루어지고 있다고 하니 어디까지가 한계일지 궁금해져요.

의학 분야에서는 웨어러블에 큰 기대를 걸고 있어요. 웨어러블 기술로 이들의 불편함을 도울 수 있을 것이라고 믿어요.

웨어러블 기술이 구현된
이미지 디자인들.

웨어러블 전문가가 하는 일은 무엇일까요?

웨어러블 전문가는 사용자의 요구에 적합한 웨어러블 디바이스를 기획, 설계해 실용화시키는 일을 해요.

그런데 이런 일을 한 사람이 모두 할 수는 없어요. 센서, 디자인, 소프트웨어 프로그래밍 등 수많은 영역의 전문가들이 모여 함께 작업해요. 그리고 개발하는 웨어러블이 사용될 현장의 전문가들의 전문지식도 필요해요.

이들은 서로 의견을 조율하며 웨어러블 기기를 만들고 시제품으로 테스트하는 과정을 거쳐 오류를 찾고 개선하고 마침내 웨어러블 제품을 만들어내요.

현재 가장 활발하게 연구되고 있는 분야는 고령화, 노동인구의 감소 그리고 근로환경 개선을 위한 웨어러블 로봇의 개발이에요. 기업의 투자로 이루어지는 경우가 많기 때문에 그들이 가장 관심을 갖는 분야가 제품 개발의 우선 순위가 되는 것이죠.

국가는 보건과 복지 그리고 국방 분야에 관심이 많아요. 국민의 복지가 곧 국가의 경쟁력이 되는 시대이며 국제 정세는 강한 국방력을 필요로 하거든요.

따라서 웨어러블 전문가는 세계의 유행과 흐름 그리고 미래에 대한 눈을 가지고 소통 능력도 키워야 할 필요성이 있어요.

우리가 살고 있고 살아갈 사회는 융합과 복합의 시대라고 해요.

과학과 수학, 사회, 철학 등 많은 분야의 학문이 모여 전문 지식을 바탕으로 새로운 제품을 만들어내는 사회 구조가 되었기 때문이죠. 여러분이 다양한 분야에 관심을 갖고 공부해야 하는 이유 중 하나가 여기에 있습니다.

웨어러블 전문가가 되려면 무엇을 준비해야 할까요?

웨어러블 전문가는 다양한 분야에 활용될 수 있는 웨어러블 디바이스를 개발하기 위해 많은 분야에 관심을 가지고 있어야 해요. 스마트 웨어러블 디바이스는 IoT, 빅데이터, AI 등의 기술과 초밀도, 초경량 부품에 대한 이해, 핵심 소프트웨어 플랫폼, 산업별 특화 기술 등 종합적인 기술 로드맵을 필요로 하는 최첨단 분야이기 때문이에요.

웨어러블 개발 과정을
아이콘화한 이미지.

따라서 웨어러블 전문가가 되고 싶다면 통신 공학, 컴퓨터 공학, 전기, 전자 공학, 제어계측 공학, 기계 공학, 소프트웨어 공학, 프로그래밍 언어 등 굉장히 다양한 분야에 대한 이해가 필요해요.

하지만 무엇보다도 웨어러블 전문가에게 필요한 것은 창의적인 아이디어에요. 웨어러블 전문가는 사용자의 요구에 의해 웨어러블 디바이스를 기획 설계하기도 하지만 사용자의 요구보다 한발 앞서 새로운 영역을 개척하는 일도 필요하거든요.

다음으로 중요한 것은 인간의 삶에 대한 폭넓은 이해예요. 웨어러블 디바이스는 단순한 장치가 아닌 4차 산업의 핵심이라 할 수 있는 사물인터넷의 확장된 형태로, 인간의 삶 전반에 들어가게 되며 인간과 아주 밀접하게 소통하는 특수성을 가지게 될 거예요. 그래서 웨어러블 전문가는 인간의 삶에 대한 이해를 바탕으로 스마트 웨어러블 디바이스를 개발해야 해요. 그렇지 않으면 웨어러블 디바이스는 쓸모없는 기계로 외면당할지도 몰라요.

실제로 그동안 많은 웨어러블 디바이스들이 기대 속에 출시되었으나 기대에 못 미치는 성능으로 사라진 경우들이 많아요.

그래서 여러분이 웨어러블 전문가를 꿈꾸고 있다면 이를 위해서는 수학과 과학, 코딩 등 기초가 되는 학문뿐만 아니라 철학과 문화, 사회가 포함된 인문학 공부도 함께 해야 해요. 스마트 웨어러블 디바이스는 인간의 삶을 향상시키기 위한 기술들이며 인간을 이해하지 못하는 기술은 발전할 수 없기 때문이지요.

현재 대학교에서 웨어러블 전문가 육성 과정은 없는 상태예요. 그러나 스마트 헬스 케어 공학과와 같은 관련 분야 학과는 있습니다.

그리고 '웨어러블 제조 분야 데이터 플랫폼과 실증센터'를 운영해 4차 산업혁명시대의 차세대 유망업종인 데이터 산업의 산학협력 거점 역할을 하겠다고 선언한 단국대학교처럼 웨어러블 개발 연구를 진행 중인 대학교들도 있습니다.

따라서 학과를 찾는 것보다는 종합 기술 지식의 첨단인 웨어러블 디바이스이므로 관심 있는 분야를 찾아 전공하는 것이 보다 확실한 웨어러블 전문가의 길을 가는 데 도움이 될 것이라고 봐요.

웨어러블 전문가의 전망은 어떤가요?

현재 웨어러블 시장은 연간 60조 규모가 넘는다고 해요. 구글 글래스를 비롯해 마이크로소프트에서는 AR과 VR을 결합해 현실에서 3D 그래픽 영상을 보여주는 기기인 홀로렌즈를 연구하고 있는데 2020년 홀로렌즈 2가 나왔어요. 고가의 가격으로 인해 대중화되고 있지는 못하지만 융합현실을 구현한 홀로렌즈가 성공한다면 우리 생활 깊숙이 파고 들어온 애플워치나 삼성 워치처럼 자연스럽게 일상의 한 부분이 될 거예요.

다양한 형태의 VR 고글.

2017년 구글과 합작해 리바이스가 생산하고 있는 스마트 자켓 '자카드 모델' 역시 눈여겨 볼 만한 웨어러블 기기예요. 자카드 스마트 자켓의 내장된 기능은 스마트폰과 연결되어 전화를 받고 음악을 재생하고 내비게이션 조정까지도 가능하게 해줘요. 또한 스마트폰의 분실이나 스마트폰이 없는 시간을 방지시켜 줄 수도 있어요.

이 외에도 우리 생활에서 볼 수 있는 웨어러블 기기는 많아요. 아이언맨의 슈트처럼 무적의 힘을 발휘하는 웨어러블은 아니지만 쉽게 구입하고 사용 가능한 스마트 워치가 대표적이에요. 스마트 밴드, 자동으로 신발 끈을 묶어주는 스마트 슈즈도 나왔죠.

현재 전문가들의 관심 영역에 따라 의료, 국방, 산업, 교육, 스포츠, 의료, 헬스,

여행 등 모든 분야에서 전문적인 웨어러블 디바이스가 개발되고 있어요. 앞으로 확대될 영역 또한 무궁무진해요.

아직 웨어러블 디바이스는 우리가 거는 기대만큼 기술적으로 뒷받침이 되지 못하고 있지만 수많은 기업과 국가에서는 매우 큰 기대를 하고 지속적인 투자를 하고 있어요.

그리고 언젠가는 우수한 인재들이 눈부시게 발전하는 과학기술을 바탕으로 의학, 인문학, 체육학, 수학 분야의 인재들과의 협업을 통해 시각장애인이 사물을 볼 수 있도록 돕는 안경이나 신체의 일부를 잃은 사람들이 자유롭게 생활할 수 있도록 신체의 부족함을 도울 수 있는 웨어러블이 나올 것이라고 믿어요.

이제 시작 단계이니 만큼 창조적인 생각과 휴머니즘을 바탕으로 웨어러

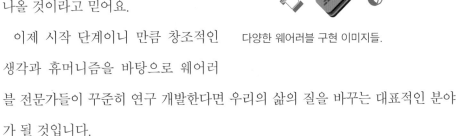

다양한 웨어러블 구현 이미지들.

블 전문가들이 꾸준히 연구 개발한다면 우리의 삶의 질을 바꾸는 대표적인 분야가 될 것입니다.

앞으로의 전망과 기대가 매우 큰 분야인 만큼 관심이 있다면 지금부터 웨어러블 전문가가 되기 위한 공부를 시작해 보세요.

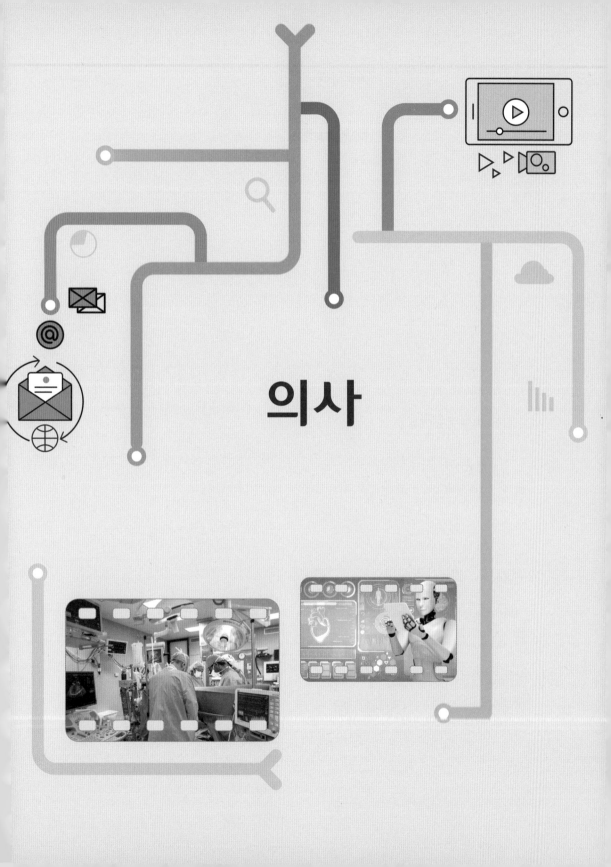

의사

의사란 무엇일까요?

의사는 '의사 국가 자격 면허시험'에 합격해 일정한 자격을 갖추고 의술과 약을 이용해 사람의 병을 진단하고 치료하는 전문가를 말해요.

의사는 어떤 일을 하나요?

의사라고 하면 제일 먼저 아픈 환자를 진료하고 치료 방법을 정하는 모습이 떠오를 거예요. 환자에 대한 정확한 검사가 이루어져야 어떻게 치료를 할 것인지 판단할 수 있기 때문에 질병 검사는 매우

중요한 과정이랍니다.

검사 과정은 과목에 따라 의사가 직접 하거나 전문 의료영상기사나 간호사에게 필요한 검사들을 지시하기도 해요. 과목에 따라 검사할 내용은 조금씩 달라지지만 보통은 혈액 검사나 소변 검사와 같은 기초검

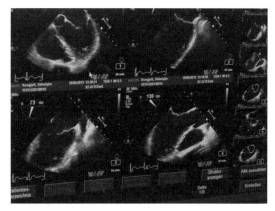

엑스레이 촬영 이미지.

사부터 초음파, X-레이, CT 촬영, MRI 등 첨단 의료장비를 이용한 검사까지 매우 다양한 방법이 사용되고 있어요.

의사는 이와 같은 검사에서 얻은 정보를 기초로 병을 진단해요. 만약 이 과정에서 올바른 진단을 내리지 못하면 즉 오진을 하게 되면 치료 과정도 전부 잘못될 수 있기 때문에 질병 치료에 있어서 가장 기본이자 매우 중요한 과정이에요.

병명이 확정되면 이제 약물치료를 할 것인지 수술로 치료할 것인지. 또 다른 치료 방법을 진행해야 할 것인지 등을 정해요. 때로는 방사선 치료를 먼저 하고 수술을 해야 하거나 수술을 먼저 하고 방사선 치료를 해야 하는 등의 순서를 결정하거나 약물로 먼저 치료를 해서 경과를 볼지, 환자의 몸에 무리가 가더래도 수술을 해야 할지 등의 다양한 치료방법을 결정하

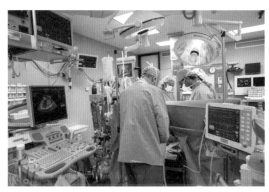

의사는 환자의 질병 상태를 보며 올바른 치료법을 정해요.

고 그에 맞는 처치를 결정하는 것도 의사의 중요한 업무예요.

내과 질환이지만 외과적 수술이 필요한 경우라면 외과 전문의와 협업을 통해 수술을 진행할 수도 있어요. 만약 수술이 잡힌다면 마취과를 비롯해 수술의 목적과 내용에 따라 더 많은 의사들과의 협업이 진행될 수도 있어요.

환자의 치료가 시작된다면 환자가 지켜야 할 일들이나 치료 과정의 스케줄, 환자가 지켜야 할 주의사항, 예방법 등에 대해 상담하는 것도 의사의 업무 영역이에요. 이때 의사는 상담을 통해 병에 대한 두려움과 아픔으로 지친 환자의 마음을 어루만지고 질병을 극복하고 정서적 안정을 취할 수 있도록 도울 수 있어요. 환자가 끝까지 긍정의 마음을 가지고 치료에 전념할 수 있도록 돕는 일도 병의 치료만큼이나 의사가 해야 할 중요한 일이에요.

환자 치료만큼 의사에게 중요한 업무로는 환자 치료를 위한 의학 연구도 있어요. 직접 환자를 치료하며 새로운 치료 방법을 연구하고 적용해서 더 많은 환자의 생명을 살리는 데에는 의학 연구가 큰 몫을 차지하고 있거든요.

의학은 외과학, 내과학, 생리학, 생화학, 해부학, 병리학, 외과학, 약리학 등 수많은 분야로 나뉘어 있으며 전문 의사들은 각자 전공한 분야의 의학 연구를 하거나 다른 분야의 의사와

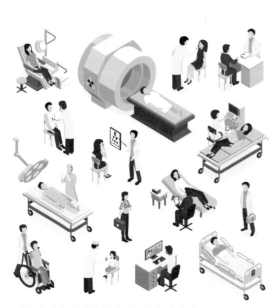

전공에 따라 의사들의 전문 분야가 정해져요.

함께 공동 연구도 진행할 수 있어요.

미래의 의사를 배출하기 위한 교육도 의사의 중요한 역할 중 하나예요. 이론으로만 공부한 의학 지식대로 모든 것이 적용되지는 않아요. 의사의 작은 실수 하나에도 환자는 생명을 잃을 수 있기 때문에 의과대학은 6년의 교육과정과 1년의 인턴 과정 그리고 레지던트 4년 과정을 통해 선배 의사의 진료와 치료, 수술 스텝으로 참여하며 사람을 살리는 의사로 교육받게 돼요. 이 밖에도 출산율, 사망률, 질병의 유병율 등 의료계 통계 자료들을 수집하고 가공해 국민 보건에 중요한 자료가 되는 의료통계 관련 업무도 의사들의 업무 영역에 속해요.

교육을 통해 미래의 의사를 배출하는 것도 의사의 중요 업무에 속해요.

의사가 되려면 무엇을 준비해야 할까요?

의사라는 직업은 사람의 생명을 다루는 직업이니만큼 사회적 책임도 매우 큰 직업이에요. 의사들은 의과대학을 졸업할 때 히포크라테스 선서를 하는 걸로 시작해요.

우리가 알고 있는 히포크라테스의 선서는 1948년 세계의사회 총회에서 채택된 '제네바 선언'으로 현대에 맞도록 일부가 수정되었어요. 내용은 다음과 같아요.

이제 의업에 종사하는 일원으로서 인정받는 이 순간, 나의 생애를 인류 봉사에 바칠 것을 엄숙히 서약하노라.

- 나의 은사에 대하여 존경과 감사를 드리겠노라.
- 나의 양심과 위엄으로서 의술을 베풀겠노라.
- 나의 환자의 건강과 생명을 첫째로 생각하겠노라.
- 나는 환자가 알려준 모든 내정의 비밀을 지키겠노라.
- 나의 위업의 고귀한 전통과 명예를 유지하겠노라.
- 나는 동업자를 형제처럼 생각하겠노라.
- 나는 인종, 종교, 국적, 정당정파 또는 사회적 지위 여하를 초월하여 오직 환자에게 대한 나의 의무를 지키겠노라.
- 나는 인간의 생명을 수태된 때로부터 지상의 것으로 존중히 여기겠노라.
- 비록 위협을 당할지라도 나의 지식을 인도에 어긋나게 쓰지 않겠노라.

이상의 서약을 나의 자유 의사로 나의 명예를 받들어 하노라.

히포크라테스 선서의 내용을 보면 인종과 국적, 종교에 상관없이 생명을 구하기 위해 최선을 다하겠다는 것이 주 내용임을 확인할 수 있어요. 일에 대한 사명감과 책임의식을 필요로 하며 아픈 환자를 치료하기 때문에 스트레스도 많은 직업이 의사라고 해요. 그래서 정말 사람에 대한 소명의식이 없다면 견디기 힘든 일이지요.

의과대학에서 인체 해부실습을 하거나 피가 많은 현장을 만나게 되기 때문에 이러한 과정을 견뎌낼 수 있는 강한 정신력도 가지고 있어야 해요.

만약 단순히 돈을 많이 벌고 싶어서 의사가 되겠다는 생각을 하고 있다면 히포크라테스 선서를 마음속으로 읽어보고 나는 그런 의사가 될 수 있을지 고민해 봤으면 해요. 수술에 대한 거부감이나 많은 피를 견디지 못하고 외과나 내과 대신 방사선과 또는 약리학을 선택하거나 아예 의사의 길을 포기하는 학생들도 있다고 해요. 물론 방사선과나 약리학도 아주 중요한 의학 분야예요. 의학의 길에서는 모든 의학 분야가 사람의 생명과 직결되거든요.

의과대학 과정 6년, 인턴 1년, 레지던트 4년까지 총 11년의 과정도 매우 고되고 힘든 과정이에요. 의전대는 일반과 4년, 의전대 4년에 인턴과 레지던트의 과정을 거치기 때문에 12~13년 정도가 걸려요.

의과대학 특히 본과 4년 동안 공부하는 양의 80% 이상이 암기해야 하는 내용이라고 해요. 또 실습도 많고 해야 할 일도 많기 때문에 의사가 되려는 사람에게는 강한 정신력과 체력이 요구돼요.

우리나라에서 어떤 직업보다 고소득의 전문직이며 사람의 생명을 살리기 때문에 존경 받는 의사지만 위에서 설명한 것처럼 오래 공부할 수 있는 체력과 생명 존중과 사람의 마음을 어루만질 수 있는 인성이 요구되는 만큼 과연 나는 할 수 있을까를 먼저 고민해 보세요. 그럼에도 정말 좋은 의사가 되고 싶다면 먼저 반드시 의대에 입학해야 하기 때문에 지금부터 열심히 공부해서 좋은 성적을 내야 합니다.

다른 직업 분야와는 달리 의사와 간호사, 수의사 등은 무조건 대학교에서 전공을 해야 하기 때문에 지금부터 열심히 공부를 하는 것이 가장 중요해요.

우리나라는 전국 41개 대학에 의과대학이 개설되어 있으며 3000여 명의 의대생을 뽑아요.

의대를 졸업하고 의사면허시험에 합격한 의사는 '일반의'라고 해요. 일반의는 특정 진료과목에 상관없이 모든 과목에 대해 의료행위를 할 수 있으며 병원을 개업할 수도 있어요.

내과, 외과, 신경과, 부인과 등과 같은 전문적인 진료를 하고 싶은 사람들은 실습병원에 나가 전공의로서 인턴과 레지던트 과정을 거쳐야 해요. 전문의는 전공에 따라 세분화되어 있으며 우리나라에는 내과, 외과, 산부인과, 이비인후과, 안

전문의들은 환자를 치료하기 위해 협업하는 경우도 많아요.

과, 피부과 등 총 26개의 전문 분야가 있어요.

만약 전문의가 되고 싶다면 인턴 1년 과정을 거치는 동안 다양한 전공과를 경험한 후 원하는 전공과목을 정해요. 그런 뒤 레지던트로서 3~4년의 과정을 거쳐 전문의 시험에 합격하면 '전문의사'가 될 수 있어요.

전문의사가 되면 대학 병원에서 환자를 돌보며 후배 의사의 교육을 맡거나 우리 주변에서 볼 수 있는 피부과 전문의, 내과 전문의라고 적혀 있는 전문 진료과목이 정해진 개인 병원을 개업할 수 있어요.

포스트 코로나 이후 의사의 전망은 어떤가요?

제4차 산업혁명 이후 사라질 직업과 앞으로도 전도가 유망한 직업을 이야기할 때 의사는 여전히 유망 직종이라고 소개되어요. 물론 인공지능의 발달로 수많은 논문과 이론으로 무장한 로봇이 의사를 대체할 것이란 이야기도 있었어요.

실제로 미국의 IBM사에서 개발한 인공지능 왓슨은 현재 의료와 법률 분야에 사용되고 있어요. 왓슨은 사람이 40년간 읽어야 할 의료 논문을 며칠만에 분석할 수 있으며 많은 경험과 데이터가 필요한 진단 영역에 눈부신 활약을 펼치고 있다고 해요.

인공지능은 사람보다 더 많은 의학적 지식을 습득할 수 있지만 공감하는 마음까지 갖지는 못해요.

미국의 병원들은 진단을 위해 왓슨을 사용하고 있고 실제 불치병인 암 환자의 병의 원인을 밝혀내는 등 왓슨의 활약이 뛰어난 분야도 있기 때문에 인공지능과 로봇이 어쩌면 사람을 대신할 수 있을지도 모른다는 의견이 나올 수밖에 없었던 거죠.

또 이미 수술 분야에서는 고도의 정밀한 수술에 로봇을 활용하고 있어요. 외과 수술은 어렵고 복잡한 절차이며 반드시 전문 자격증을 취득한 의사가 수술을 해야 하지만 나노 로봇 기술의 진보 덕분에 점점 이런 수술 절차가 간편해지고 있어요.

이미 최소한의 개복으로 상처를 적게 내고 의사의 실수 또한 최소화할 수 있는 로봇수술은 외과수술 분야에서 매우 획기적인 발전을 가져왔

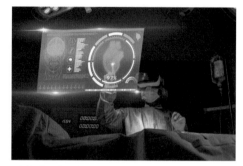

현재 인공지능과의 협업으로 수술을 진행하기도 해요.

어요. 다빈치, 로보닥, 올소닥, 이솝 등이 바로 대표적인 수술로봇으로 현재 임상에서 활발하게 사용되고 있다고 해요.

또한 다빈치와 같은 경우는 300만 건 이상의 수술에 사용되었으며 유럽과 미국의 모든 대학병원에 활용되고 있을 정도로 보급되어 있다고 해요.

반복 작업과 정밀 작업에는 왓슨과 다빈치 같은 인공지능과 로봇이 탁월한 역

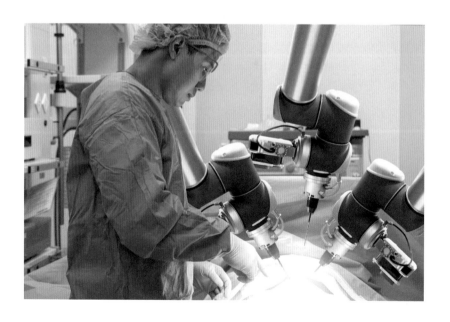

할을 해줬지만 히포크라테스 선서 중 불안한 환자의 마음을 어루만지는 일은 인공지능이나 로봇이 할 수 없어요.

의사의 중요한 일 중에는 환자의 심리 상태와 마음을 읽고 정서적으로 안정을 찾을 수 있도록 도와야 한다는 것 혹시 기억하세요? 사람은 기계가 아니기 때문에 몸의 치료에는 마음의 치료도 함께 이루어져야 하는데 의사의 마음이 담긴 한 마디도 중요한 치료제의 하나인 것임이 확인된 것이죠.

앞으로의 미래 사회는 사물인터넷과 의료 웨어러블의 발달로 환자 개개인에 대한 밀착형 의료서비스로 발전할 것입니다. 지금까지는 병원에 와야 했지만 의료용 스마트 웨어러블 기기가 발전하게 된다면 간단한 질병, 예를 들어 감기나 몸살 등은 홈케어 치료도 가능해지는 세상이 될 것입니다.

또한 현재 전 세계는 길어진 수명으로 인한 건강한 노후생활에 대한 열망, 웰빙 문화 확산, 높아진 의료지식으로 예방학에 많은 예산을 쏟고 있어요.

질병을 치료하는 것에서 한 발 더 앞서나가 질병을 예방하기 위한 노력하는 것이죠.

그런데 코로나19로 인해 의사와 간호사에 대한 인식이 한 층 더 높아지게 되었어요.

21세기가 되면서 전 세계는 주기적이라고 느낄 만큼 바이

간단한 질병이라면 스마트 헬스케어를 이용하는 시대가 올 거예요.

러스와의 전쟁을 시작했어요. 2003년 사스를 시작으로 2009년에는 신종플루, 2012년 호흡기 증후군인 메르스를 거쳐 2020년 코로나19가 퍼졌어요. 그중에

서도 코로나19는 WHO가 팬데믹을 선언할 정도로 전 세계를 휩쓸고 있어요.

현재 코로나19는 2019년 12월에 처음 중국에서 발생한 후 2020년 10월 말까지 전 세계에서 약 47,000,000만 명이 확진되었고 약 1,200,000여만 명이 사망했어요.

이 과정에서 의료 붕괴가 일어나거나 치료를 제때 받지 못해 사망하는 사람들이 늘어나면서 각 정부에서는 의료진의 필요성과 의료 분야의 중요성을 심각하게 받아들이게 되었어요.

코로나19와 같은 바이러스 질환은 이제 계속 올 것이라고 병리학자를 비롯해 수많은 학자들이 단언하고 있어요. 그래서 국가들은 언제 또 이러한 국가적 재난을 불러일으키는 질병이 찾아올지 모르기 때문에 대책을 마련하기 위해 의사와 간호사의 수를 늘리기로 했어요.

유럽에서 코로나19를 가장 잘 방어하고 있다는 평가를 받고 있는 독일은 2020년 10월 의대생을 50% 더 뽑겠다고 발표했습니다. 1천 명당 의사수가 한국보다 2배 더 많지만 유래 없는 전염병 코로나19로 인해 의사들의 중요성이 더 커진 것을 반영한 결과예요.

수많은 나라에서 독일과 같은 움직임을 보이고 있으며 우리나라 역시 의대 정원을 늘릴 계획이에요.

또한 문체부에서는 의료기술, 디지털매체, 인공지능 등 과학기술과 관련한 사회·문화적 쟁점에 대해 의사, 인문학자와 과학기술자가 함께 논의하는 정기 토론회인 '인간과 기술 포럼'을 시작한다고 해요.

의대 교수님들의 사회로 진행되는 제1회의 주제는 '백신의 역사와 보건의료의 공공성'과 '원격의료의 현재와 미래' '디지털 의료기술의 현실화와 적합성'이에요.

의사의 역할과 중요성이 코로나19로 제4차 산업혁명의 시대에 더 커진 것을 느낄 수 있는 주제예요.

아무리 뛰어난 인공지능과 로봇이 나온다고 해도 새로운 질병이 나온다면 그것을 연구하고 관련된 치료제를 개발하는 것은 사람이에요. 인공지능과 로봇은 그런 사람의 도구가 되어주는 것이고요.

그래서 미래 사회로 갈수록 의사의 중요성과 필요성은 커지는 만큼 의사를 꿈꾸고 있다면 도전해 보세요.

앞으로의 시대는 보건의와 공공의의 비중이 더 높아질 것인 만큼 26개의 전문 분야와 일반의 사이에서 여러분이 꿈꾸는 의사의 길을 찾아보세요.

포스트 코로나 시대에는 온라인 닥터도 활약하게 될 것입니다.

간호사

간호사란 무엇일까요?

간호사는 국가고시인 간호사 면허시험에 합격해 의사의 진료를 보조하고 의사의 처방이나 규정된 간호기술에 따라 환자를 치료해요. 의사의 부재 시에는 비상 조치를 취할 수도 있어요.

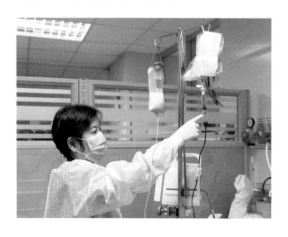

또한 가정이나 지역사회를 대상으로 건강의 회복과 질병의 예방 및 건강의 유지와 증진을 돕는 것도 간호사의 업무에 속해요.

이처럼 간호사는 한 사회 구성원들의 건강을 책임지는 매우 중요한 역할을 하고 있어요.

간호사가 하는 일은 무엇이 있나요?

우리가 병원에서 만나게 되는 간호사들은 의사의 처방에 따라 환자를 치료해
줘요. 그런데 1차 병원(동네 의원, 보건소 등)과 2차 병원(대학병원, 대형종합병원)
에 따라 업무의 양이 달라져요.

보통 종합병원에 근무하는
간호사는 365일 24시간 도움
이 필요한 응급 환자들과 병증
이 심각한 환자들을 치료하고
보살펴요. 그래서 휴일이 없는
종합병원의 간호사들은 3교대
로 근무한다고 합니다. 주 업무
는 의사의 지시에 따라 주사를

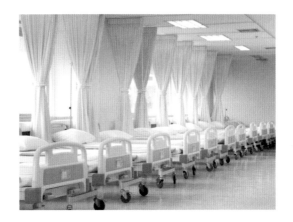

놓거나 체온과 맥박을 재는 등 다양한 처치를 하고 처방에 따른 치료를 하는 등
의사의 진료를 도와주는 일을 해요.

의사들이 지시하는 차트에는 처방만 적혀 있어서 실제 환자를 회복시키기 위
한 세세한 간호 계획을 짜는 일은 간호사의 영역이에요. 또 의사의 지시가 적혀
있는 차트를 확인하고 세부적인 조치방법을 계획하며 오류가 있는 지시를 걸러
내는 일도 간호사가 하는 일이라고 해요.

이러한 일을 하는 간호사를 '책임 간호사', '책임 간호사'가 확인하여 내려보낸

지시대로 처치를 하는 간호사를 '액팅 간호사'라고 해요.

간호사는 이 계획에 맞추어 환자를 돌보며 일정한 시간마다 환자의 상태를 체크하는 일과 각종 의료 도구들을 점검하고 의약품과 물품 등을 관리해요.

간호사의 업무는 체계적으로 분산되어 있으며 보건, 마취, 가정, 정신, 노인, 호스피스 등 13개의 전문 분야에는 전문 간호사제도를 시행하면서 간호사의 전문성을 더욱 높였어요.

간호사는 의사의 회진을 따라 돌며 각 환자 상태를 환자 차트에 자세히 기록하고 다음 차례의 간호사와 교대할 때 정확한 환자의 상태를 인수 인계하는 일도 해요.

환자의 차트에 의사의 지시를 기록하고 정리해요.

간호사는 모든 환자의 변화를 의사에게 보고하고 달라지는 지시를 정확히 받아 처치를 해야 하기 때문에 보고와 기록은 간호사에게 있어 매우 중요한 업무 중에 하나지요.

마지막으로 간호사는 환자의 입·퇴원관리를 하고 수술이 필요한 환자에게는 수술 준비와 수술 후 회복을 돕는 일도 해요.

그런데 환자의 치료를 돕는 간호사만 있는 것은 아니에요.

만약 간호사 면허증을 취득한 후 공무원 시험을 통과해 보건직 공무원이 되었다면 근무하는 곳에 따라 다양한 업무를 진행하게 돼요.

전국 보건소나 보건지소, 지방자치단체 등에서 근무하는 간호사는 지역 주민들을 위한 질병 예방과 건강 증진 업무를 수행하게 돼요.

국군병원에서 근무하는 간호 전문인은 간호장교로 활동하며, 효율적인 진료비가 청구되었는지 심사하고 관리하거나 의료서비스가 적절하게 시행되었는지에 대한 보험심사 평가 업무를 할 수도 있어요. 산업체에서 근무하게 된다면 직원들의 건강관리와 보건교육, 작업환경 및 위생 관리, 사업장의 안전 보건을 담당하기도 해요.

간호사가 일할 수 있는 분야와 직종은 우리가 알고 있는 것보다 훨씬 넓으니 하고 싶은 직종을 찾아 지금부터 준비를 시작해 보세요.

간호사가 되려면 무엇을 준비해야 할까요?

한 사회가 건강하게 유지되려면 그 사회의 복지는 매우 중요해요. 그리고 이 복지에는 건강관리도 포함되어 있어요.

간호사는 의사와 함께 사회 구성원들의 건강을 책임지는 한 축을 이루고 있어요. 때문에 많은 공부를 해야 해요. 보통 간호사가 되려면 반드시 3년제 간호전문대학이나 4년제 정규대학 간호학과를 전공한 뒤 국가고시인 간호사 면허시험에 합격해야 해요.

간호사 면허증을 취득한 뒤에는 국공립병원, 사립 병원, 결핵요양소, 정신병원 등의 전문병원에서 임상간호를 하거나 보건소 등에서 보건기술직 공무원으로 근무할 수 있어요. 또한 회사나 학교, 그 외의 사업장이 운영하는 의무실에서 직원들의 건강을 돌보는 산업간호사로 근무할 수도 있어요.

간호사와 관련된 자격은 두 가지 종류가 있어요. 하나는 위에서 이야기한 간호사 국가면허증인데 한국 보건의료인 국가시험원에서 발급해요. 다른 하나는 전문간호사로 대한간호협회에서 자격시험을 통해 자격증을 취득할 수 있어요.

전문간호사는 최근 10년 이내에 특정 분야에서 3년 이상 근무한 경험자이며 보건복지부장관이 인정한 교육 기관(대학원 수준)에서 전문간호사 과정을 이수한 사람만이 자격시험에 응시할 수 있어요. 또는 보건 복지부장관이 인정하는 외국의 해당 분야 전문간호사 자격 소지자도 시험에 응할 수 있어요.

응시자격을 살펴보면 알 수 있듯이 전문간호사는 간호사보다 좀 더 전문적인 직업 능력을 필요로 해요.

2000년도부터 시작된 제도로 가정, 감염관리, 보건, 임상, 아동, 응급, 전신, 노인, 산업, 중환자, 마취, 호스피스, 종양 등 13개 분야가 있어요.

전문대학에서 간호학을 전공한 사람은 간호사 학사학위특별과정으로 편입하거나 학점 인정제를 이용해 학사학위를 취득하는 방법도 있어요.

아기를 좋아한다면 그리고 새로운 생명을 돌보는 일에 보람을 느낀다면 조산사에 도전해볼 수도 있어요.

조산사는 병원이나 의료기관 또는 가정에서 산모의 분만을 돕고 신생아를 돌보는 전문 의료인을 말해요. 조산사는 간호사 면허증을 취득한 후 1년간 조산 실습과정을 거친 후 조산사 국가면허시험에 합격해야만 될 수 있어요.

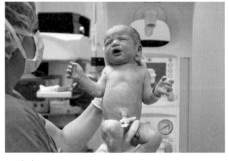

조산사.

지금까지는 간호사가 되기 위해 배워야 할 과정이었어요. 여기에 더 갖추어야 할 것으로는 무엇이 있을까요?

간호사는 환자를 직접 상대하는 경우가 많은 직업이에요. 아픈 환자의 마음을 어루만지고 희망을 주는 직업이기 때문에 사람에 대한 이해와 배려하는 마음을 필요로 해요. 또한 종합병원에 근무하게 된다면 데이, 이브닝, 나이트의 순번제로 돌아가며 일을 하기 때문에 밤낮이 바뀌어 신체 리듬이 깨지는 등 체력적으로 매우 힘들 수 있으니 체력 관리에도 힘써야 해요.

각자의 분야에서 도움을 필요로 하는 환자를 도와야 하기 때문에 시스템에 따라 팀으로 움직이고 분업화되어 철저한 스케줄을 지켜줘야 하기도 해요. 그래서 원만한 대인관계를 맺을 수 있고 커뮤니케이션 능력이 좋으며 팀워크와 책임감이 강한 사람에게 잘 어울리는 직업이에요.

간호사가 되어 처음 일을 배우게 될 때는 환자의 상태 변화를 매시간 체크하고 의사와 선임 간호사의 지시 사항에 대한 결과를 정확하게 적어 기록하고 보고하는 일이 아주 중요하기 때문에 꼼꼼함과 성실함도 필수적으로 갖춰야 합니다. 언제 응

간호사는 환자에 대한 배려와 커뮤니케이션 능력이 필요해요.

급상황이 발생할지 모르기 때문에 적절한 상황 판단 능력과 위기 대처 능력도 요구돼요.

의사가 뛰어난 암기능력과 성적을 필요로 한다면 그 의사들과 함께 환자를 돌봐야 하는 간호사들도 의사들의 지시를 이해할 수 있는 능력이 요구돼요.

전문 직업인이자 평생 직업인인 간호사는 사회적 인지도도 높고 취업률도 높아요. 그래서 간호대학의 입학 성적은 매우 높은 편에 속하기 때문에 지금 간호

사를 꿈꾸고 있다면 간호학과에 들어갈 수 있는 성적 관리를 해야 해요.

간호사는 사람의 생명을 돌보기 때문에 일의 강도가 매우 높고 꽉 짜인 스케줄을 실수 없이 처리할 수 있는 정신력과 위기 대처 능력과 빠른 상황 판단력, 봉사 정신이 투철할 것을 요구하기 때문에 무작정 높은 연봉과 안정된 전문직이라는 이유만으로 선택한다면 적응하지 못할 수도 있어요.

따라서 만약 간호사가 되고 싶다면 원하는 간호대학에 갈 수 있는 성적을 유지하면서 간호사로서 어떻게 살 것인지에 대한 사명감을 갖고 체력도 기르며 강한 정신력을 키울 것을 권합니다.

포스트 코로나 시대에 간호사의 전망은 어떤가요?

현대 사회는 인구의 고령화와 만성질환이 가파르게 증가하고 있어요. 따라서 간호서비스를 필요로 하는 인구가 갈수록 늘어나는 중이에요.

보건복지부의 'OECD 보건통계 2019'에 따르면 우리나라 국민 1인당 외래 진료 횟수는 OECD 국가 중 최상위권에 속해요. 입원 환자의 1인당 평균재원일

고령인구가 많아지면서 다양한 형태의 주거 공간 중 간호사가 상주하는 노인 전용 아파트가 들어설 수도 있어요.

수는 18.5일로 일본 다음으로 길고요. 하지만 의사와 간호사는 다른 국가들에 비해 턱없이 부족해요.

우리나라의 간호 인력(간호사, 간호조무사)은 인구 1000명당 6.9명으로 OECD 평균 9.0명보다 2.1명이 더 적어요.

또한 전염성 질병을 예방하기 위해 보호자가 환자를 돌보던 시스템에서 보호자는 정해진 시간에 면회만 하고 환자를 돌보는 것은 병원이 주체가 되는 간호 간병 서비스로 방향이 바뀌고 있기 때문에 간호사의 역할은 더 커져만 가고 있어요.

이것만 봐도 간호사에 대한 전망이 '매우 좋다'는 것을 알 수 있어요.

현재 간호사는 수요에 비해 인력이 매우 부족한 직군에 속해요. 역사를 살펴보면 어떤 국가이든 생활수준이 향상됨에 따라 건강 증진 및 질병 예방과 같은 건강관리에 힘을 쏟아왔어요. 삶의 만족도 향상을 위한 단어인 웰빙에도 관심

이 높아졌고요. 노인 인구의 증가와 국민소득의 증가 등 보건의료의 환경 변화가 의사와 간호사의 필요성을 더 요구하고 있는 것이죠. 경력이 올라갈수록 연봉 또한 고소득이어서 선호하는 직종이기도 하고요.

미래사회로 갈수록 간호사의 수요가 늘어나는 것도 간호사의 전망이 밝은 이유이지만 간호사는 진출할 수 있는 관련 분야도 매우 많아요.

간호사 면허증을 취득한 후 대형병원에서 임상 기간을 2년 채울 경우 소방직 특채 응시가 가능해요. 또 간호사 면허증을 가지고 임용고시에 합격하면 학교의 보건교사로 진출할 수 있어요. 보건 전담공무원, 간호장교, 산업간호사, 노인요양 방문 간호사 등으로도 진출이 가능하고요.

대형병원에서 임상기간을 2년 채우면 소방직 특채 응시가 가능해요.

지방으로 갈수록 의사와 간호사의 부족 현상이 매우 두드러져 노인이 많은 지방의 복지 공백이 생기면서 사회적인 문제가 되기 때문에 수도권이 아닌 지역의 수요는 더 높아요.

해외 진출도 간호사는 다른 직업에 비해 쉬운 편이라고 해요.

의료계 종사자들은 한국뿐만 아니라 전 세계적으로 인력난이 부족한 직군인 만큼 언어의 벽만 극복할 자신이 있다면 자신의 능력을 개발하고 도전해 볼 수 있는 기회를 가질 수 있어요. 현재 우리나라 간호사들은 미국, 유럽, 호주, 캐나다, 중동 등의 국가로 새로운 기회를 찾아 떠나고 있어요.

코로나19 이후 우리나라 의료계는 대대적인 보완을 하고 있어요. 전염병으로

노령 인구의 증가는 의사와 간호사의 수요를 불러옵니다.

부터 환자들을 안전하게 보호하기 위해 대형병원을 중심으로 '보호자 없는 병상'인 '간호간병 책임서비스'를 추진하기 시작했고 집단감염은 더 많은 간호사를 필요로 하고 있어요.

따라서 4차 산업혁명으로 자료의 분류 및 관리와 같은 단순 작업들은 IT의 영역으로 넘어가고 있지만 복지의 측면에서는 간호사들의 손길을 기다리는 분야가 더 많아지고 있으므로 간호사는 전도유망한 직업군 중 선두에 있어요. 여러분이 간호사를 꿈꾸고 있다면 지금부터 준비해 보세요.

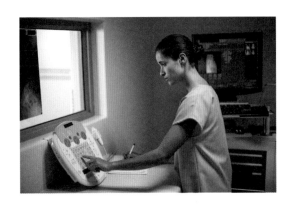

사물인터넷
개발자

사물인터넷 개발자란 무엇일까요?

센서와 통신기능을 탑재한 세상의 모든 사물들이 인터넷을 통해 서로 연결되어 소통하는 기술과 환경을 개발하는 일을 하는 전문가가 사물인터넷 개발자예요.

사물인터넷은 무엇인가요?

Internet of Things'의 약어 IoT로 표기되는 사물인터넷은 세상에 인터넷이 등장한 이후 우리의 삶을 가장 획기적으로 변화시키고 있어요.

사물인터넷은 인터넷만으로 이루어질 수 있는 것이 아니라 센서와 네트워크 기술을 기반으로 빅데이터를 클라우드에 저장해 인공지능으로 분석하고 3D 프린팅 등 다양한 기반 기술이 활용되는 4차 산업혁명의 종합예술 같은 분야예요.

구글의 에릭 슈미트^{Eric Schmit} 회장은 2015년 세계경제포럼에서 사물인터넷의 세상이 되면 "인터넷은 사라질 것"이라고 말했어요.

인터넷이 사라진다고? 인터넷의 세상이 아니라? 이런 생각이 든다면 바로 그 인터넷의 세상이 컴퓨터나 태블릿, 노트북, 스마트폰에서 완전 자율 자동차나 스마트 홈, 스마트 빌딩, 헬스 케어 서비스 등 모든 분야로 확대된다는 의미로 넓혀 생각하면 돼요. 즉 우리가 사는 모든 세상이 인터넷으로 연결되어 있어 굳이 따로 인터넷을 쓰기 위해 컴퓨터나 핸드폰에 접속할 필요가 없다는 뜻이에요.

도시 전체가 사물인터넷으로 연결되는 스마트 시티 사회가 우리를 기다리고 있어요. 그리고 그 개발자는 여러분일지도 모릅니다.

엄청난 세상이 오는 것이죠. 이것만 봐도 사물인터넷은 확장될 수 있는 분야가 너무나 많기 때문에 활용될 수 있는 범위가 굉장히 넓다는 것을 알 수 있어요.

그렇다면 지금 당장 우리 삶에 적용되고 있는 사물인터넷으로는 어떤 것이 있

IoT의 세상을 이미지화한 클라우딩 컴퓨터 속 세상.

을까요?

최근의 아파트는 퇴근해 아파트 입구를 지나면 차의 도착 정보가 집에 전해져요. 핸드폰으로는 아파트의 쾌적한 온도를 유지할 수 있고 적정 습도를 맞추고 공기 정화도 가능해요. 또 가스 밸브를 잠글 수도 있어요. 스마트 냉장고는 단순한 음식물 보관을 넘어서

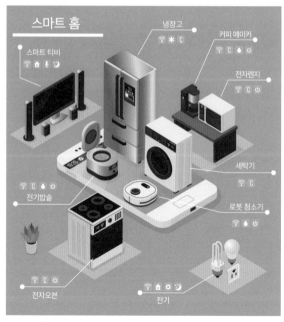

스마트 홈.

이제는 냉장고 안에 있는 음식들과 요리 재료들을 알려주고 날씨와 뉴스를 보여 줘요.

인공지능 스피커에도 사물인터넷 기술이 들어가 있어요. 그리고 이런 사물인 터넷이 적용된 사물과 공간은 비대면의 시대에 더 빠르게 증가해 갈 것입니다.

사물인터넷 개발자가 하는 일은 무엇일까요?

여러분은 영화나 드라마에서 다음과 같은 장면을 본 기억이 있을 거예요.

주인공이 잠에서 깨어나요. 그러자 전등이 켜지면서 방이 환해져요. 부드러운 음악도 들리고요.

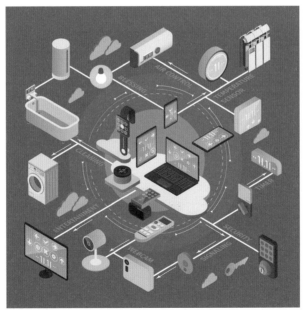

사물인터넷의 시대가 되면서 사물들 간의 소통으로 나에게 필요한 것들이 알아서 준비되면서 우리의 삶은 더 안락하고 편안해질 것입 니다.

주인공이 세면대로 가서 이빨을 닦고 씻는 동안 커피가 자동으로 내려지고 토스트기가 토스트를 구워요.

식사를 마친 주인공이 차키를 드는 순간 지하에 있는 차는 시동이 걸리면서 겨울이면 따뜻하게, 여름이면 시원하게 준비해서 최적의 환경에서 운전할 수 있도록 준비를 끝내요.

주인공이 차에 타면 차는 자동으로 도로 상황을 검색해 빠른 길을 찾아 자동 운행을 시작해요.

주인공이 원하는 것을 미리 알아서 사물들이 모든 것을 준비하는 거죠. 컴퓨터와 기계, 기기가 사람이 조작하지 않고도 서로 정보를 주고받으며 사용자의 편의를 극대화시키는 사회. 이것이 바로 사물인터넷이 발달된 미래 사회의 모습이에요. 그리고 일부분은 현대 사회에서도 이미 활용되기 시작했어요.

자동차도 스스로 검색해 길을 찾고 안전운전을 해요.

사물인터넷 개발자는 사물과 사물이 인터넷으로 대화할 수 있도록 기술을 개발하는 전문가예요.

이를 위해 먼저 센서 개발을 해요. 사물 간의 연결을 위해서는 각 사물의 정보가 중요하기 때문에 정보를 감지하는 센서는 매우 중요한 장치에요.

개발한 센서는 스마트기기의 결합을 통해 개인에게 필요한 용도로 사용할 수 있도록 애플리케이션을 개발하는 일도 개발자의 일이에요. USB, 블루투스, WiFi, NFC(근거리통신망)을 이용하여 사물과 사물 또는 사물과 인간 사이의 소통을 위해 만들어진 물리적 매개체나 컴퓨터 간에 정보를 주고받을 수 있도록 네트워크를 활용한 센서와 사물인터넷의 서비스 인터페이스 기술을 개발하는 거예요.

예를 들어 한국 사람과 미국 사람이 서로 소통하기 위해서는 통역이 필요하듯이 사물과 사물이 소통할 수 있도록 통역하는 역할을 하는 것이 프로토콜이나 물리적 매개체인데 이것을 개발하는 것이죠.

세 번째는 시뮬레이션을 통해서 시스템의 오류를 발견하여 수정하는 일을 해요. 또 인터페이스의 성능을 향상시키기 위해 계속 업그레이드를 해줘야 해요.

아직은 개발단계에 있으나 사물인터넷이 발전하게 되면 인간의 개입 없이도 사물 간의 데이터 전송이 이루어지게 되는 인공지능의 시대가 활짝 열리게 될 것입니다. 생각만 해도 편하고 안락한 생활을 기대하게 만들어요.

하지만 좋은 점만 있는 것은 아니에요. 사물과 사물이 소통하는 과정에서 개인의 정보가 해킹당해 사생활 침해와 개인의 재산이나 여러 가지 위험이 발생될 수도 있어요. IT의 세상에서는 보안이 매우 중요한 사항인데 사물인터넷은 이 부분에 더 민감하기 때문에 개발자는 사람들이 믿고 쓸 수 있도록 보안 문제에 만전을 기해야 한답니다.

사물인터넷 전문가 되려면 무엇을 준비해야 할까요?

보통 사물인터넷 개발자는 정보통신기술과 관련된 전문 기술을 갖추어야 해요. 이와 같은 전문성을 바탕으로 미래 사회 모든 곳에서 이용되고 어떤 분야와도 연결될 수밖에 없는 사물인터넷 개발자가 되는 것이에요.

그래서 사물인터넷 개발자는 통신회사나 소프트웨어 개발업체의 연구소에서 일해요. 정부의 정보통신 관련 업무의 주관 부처의 산하기관이나 연구기관에서 연구원으로 일할 수도 있어요. 4차 산업의 꽃이라고 불릴 정도로 중요한 분야이며 다양한 전문 기술을 요구하기 때문에 대학 이상의 학력자에게 기회가 주어지는 직업이기도 해요.

따라서 사물인터넷 개발자가 되고 싶다면 기계공학, 전자공학, 컴퓨터공학, 소프트웨어 공학, 제어·계측 공학, 통신공학 등을 전공하고 클라우드 컴퓨팅 개발자. 프로그래밍 언어 개발, 네트워크, 데이터 구조 등과 관련된 전공을 선택하면 좋아요.

사물인터넷이 어떤 분야에 활용될 수 있는지를 연구하고 실제적인 기술을 개발해 적용하는 것이 사물인터넷 개발자이므로 창의력, 응용력, 기술 분석력, 범주화 능력도 필요해요.

또 사용자 요구를 분석해 그에 맞는 응용프로그램의 구조를 설계하기 때문에 사람과의 커뮤니케이션 능력도 중요해요. 이를 위해 관련 직종에서 아르바이트를 하게 된다면 소중한 경험이 되어줄 것이에요.

사물인터넷 개발자가 되고 싶다면 우리가 생활하고 있는 환경이나 주변에 대해 호기심과 관찰하는 습관, 사회에 대한 관심을 통해 사람들이 필요로 하는 것이 무엇이 있을지 고민하는 습관도 가져보세요. 간접적 경험도 창의적 사고력을 키우는데 큰 도움이 되니 다양한 책을 읽어보는 것도 좋은 준비가 될 거예요.

따라서 지금부터 준비하고 싶다면 관련도서와 체험기회를 찾아 직접 경험해 보는 것도 미래를 준비하는 데 많은 도움이 될 것입니다.

포스트 코로나 시대가 되면서 사물인터넷 전문가의 전망이 더 높아진 이유는 무엇일까요?

4차 산업혁명의 꽃, 사물인터넷과 관련된 분야는 전망이 매우 밝아요.

2012년 세계은행에서는 사물인터넷과 관련된 일자리가 2022년까지 2백만 개 이상이 생길 것이라고 내다봤어요. 또한 이 분야의 인력 부족도 8.2%를 넘어설 것이라고 예측했어요.

미국과 유럽 선진국에서는 이미 사물인터넷 시장의 폭발적인 성장이 이루어지고 있지만 사물인터넷의 선봉에서 개발이 이루어지는 나라는 바로 우리나라예요.

미국 경제 매체인 포브스는 2015년 사물인터넷 시장이 42억 달러에서 2020년에는 140억 달러 규모로 성장할 것이라고 예측했는데 2020년이 된 올해 1.2조억 달러가 예상되고 있어요. 우리나라는 2013년 2조 3천 억 규모의 사물인터넷 시장이 2020년에는 17조 1천 억 시장이 되었어요. 이처럼 사물인터넷 시장은 포브스의 예상보다 훨씬 가파른 성장세를 보여 주고 있어요.

세계 각국은 미래 시장의 핵심이 될 사물인터넷 사업을 적극적으로 지원하고 있어요. 미국은 '그리드 2030'을, 유럽은 'IoT 액션 플랜'을 진행하고 있으며 우리나라도 '사물인터넷 기본 계획'을 발표하고 사물인터넷 시장을 2030년까지

30조 시장으로 키울 예정이에요. 그리고 과학기술 정보통신부에서는 2016년 고용노동부에서 미래 신직업에 '사물인터넷 전문가'를 선정하고 전문 인력 양성에 힘쓰고 있어요.

우리나라는 자동차 완전자율시대를 준비하고 있는데 똑똑해지고 있는 자동차를 위해 길도 똑똑해지도록 하는 것이 그중 하나예요.

현재 우리나라의 고속도로에는 다양한 스마트 기술이 숨어 있다고 해요. 도로에 광케이블을 설치해 컴퓨터, 통신, 전자 등 첨단과학기술과의 소통을 통해 교통지체, 교통사고, 대기오염을 보다 더 경제적이고 효과적으로 개선할 수 있도록 새로운 개념의 지능형 교통체계 시스템을 구축 중이라고 해요.

우리나라는 도로에도 사물인터넷 기술을 적용시키고 있어요.

생각하고 소통하며 교통사고를 줄이고 스마트한 도로 흐름을 주도하는 고속 도로라니 생각만 해도 놀랍죠?

이처럼 사물인터넷은 어떤 상상력도 실현시킬 수 있는 분야예요. 가전제품, 지능형 빌딩, 헬스케어, 스마트팜, 자율주행차 등 다양한 분야에서 복합적 발전을 이루고 있어요.

그리고 포스트 코로나 시대는 비대면의 시대이기 때문에 대면 접촉을 하지 않는 제품과 서비스가 일상이 되는 시대이며 이와 가장 잘 맞는 환경을 사물인터넷이 제공할 거예요. 따라서 포스트 코로나 시대에 사물인터넷의 가치는 무궁무진해질 것임은 확실하며 여러분이 이 분야에 관심이 있다면 전문 기술을 기본으로 하는 만큼 지금부터 수학의 기초를 쌓아가며 차근차근 준비해 보세요.

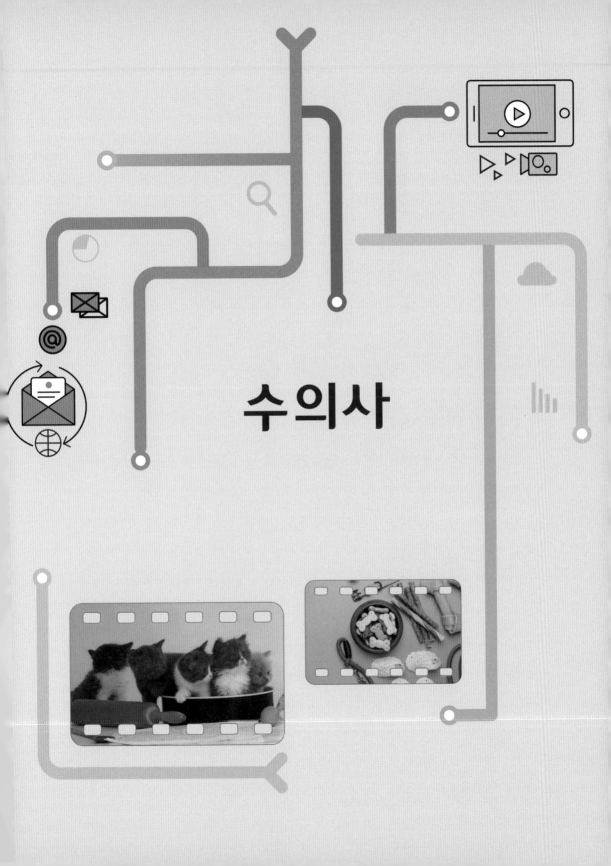

수의사

수의사란 무엇일까요?

수의사는 개나 고양이 같은 반려동물과 소나 돼지 같은 대동물, 다양한 수생 동물 등의 질병 예방과 치료를 하고 이를 연구하는 동물의학 전문가를 말해요.

의사가 사람을 치료하듯 수의사도 동물을 진찰하고 X-레이와 초음파 등을 이용해 다양한 검사를 진행해 질병을 찾아내고 그에 따른 처방과 치료를 한답니다. 여기에는 동물의 분만이나 내외과적 수술도 속해요. 또 조류독감, 돼지 콜레라, 광우병과 같은 동물 질병의 역학조사와 축산 농가의 위생 관리 및 질병 예방도 수의사의 영역이에요. 이 외에도 수의사가 하는 일은 많은데 이에 대해서는 뒤에서 좀 더 자세하게 설명할 예정이에요.

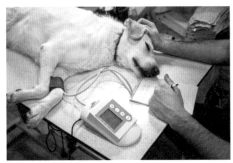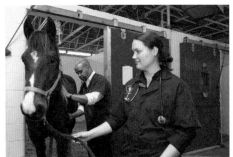

수의사는 동물의 질병 예방 및 치료를 해요.

수의학은 무엇인가요?

수의학은 크게 기초수의학, 예방수의학, 임상수의학으로 나누어져요.

기초수의학은 수의해부학, 수의독성학, 수의조직학, 수의발생학 등이 있으며 동물들의 신체에 대한 기초지식을 배우는 학문이에요.

동물들에게 발생할 수 있는 다양한 질병을 연구하고 예방하는 학문인 예방수의학은 수의병리학, 수의공중보건학, 수의바이러스학, 수의기생충학 등으로 나누어져요.

임상수의학은 우리가 반려동물을 데리고 동물병원에 가면 만날 수 있는 동물병원 의사들을 떠올리면 돼요. 즉 반려동물의 건강을 위해 다양한 진단을 하고 치료하는 학문이 임상수의학이에요.

임상수의학의 분야로는 수의내과

반려동물이 아프면 동물병원에 가서 치료를 받아요.

학, 진단학, 외과학, 산과학, 마취학, 방사선학 등이 있어요. 반려동물의 수가 증가하고 종류가 다변화되면서 또 반려동물에 대한 인식이 변화함에 따라 임상수의학의 종류가 점점 세분화되고 전문화되어 가고 있으며 동물병원 또한 종합병원과 같이 대형화되어 가고 있어요. 질병에 따른 전문 임상 수의사들도 진출하고 있고요.

충북대 수의과대학 동물 의료센터는 국내 최초로 반려동물을 대상으로 체내 영상검사와 방사성동위원소 치료를 동시에 할 수 있는 핵의학 진료실을 갖추었다고 해요. 이곳에서 사용하는 PET-CT는 현재까지 알려진 암의 영상 진단 방법 중 가장 초기에 암을 찾아내는 최첨단 검사법이라고 해요.

이처럼 수의학은 사람에게 적용되는 각종 의학 기술과 장비를 반려동물에게도 적용시켜 최선의 치료를 하기 위해 최신 의료 기술을 이용한 다양한 연구를 하고 있어요.

수의사는 무슨 일을 할까요?

수의사가 하는 일은 전공과 진출 분야에 따라 매우 다양해요. 예방수의학을 전공해 공무원으로 진출할 수도 있고, 동물 제약회사나 검역소, 동물 질병연구소, 마사회 등 기업이나 정부 산하기관에서 일할 수도 있어요. 임상수의학을 공부하면 임상

반려동물이 동물병원에서 만나는 수의사가 임상수의사예요.

전문 수의사가 되어 종합동물병원에서 일하거나 동물병원을 창업할 수도 있어요. 우리가 우리의 반려동물의 진료와 건강검진을 위해 만나는 수의사가 바로 이 임상 전문 수의사예요.

임상수의사들은 전공에 따라 대동물과 소동물 임상 전문의로 나뉘고 있어요. 대동물은 보통 식용이나 특수한 목적을 위해 기르는 동물을 이야기해요. 대표적인 대동물로는 소, 말, 돼지, 양 등이 있으며 산업동물이라고도 해요. 넓은 의미의 산업동물에는 오리와 닭도 포함돼요.

대동물은 보통 수의사가 직접 진료를 가요.

소동물은 우리가 가족이라고 말하는 반려동물을 이야기해요. 개와 고양이를 비롯해 기니피그, 햄스터, 고슴도치, 도마뱀, 새 등 다양한 종류가 여기에 속해요.

그렇다면 우리가 알고 있는 대동물과 반려동물의 건강을 직접적으로 책임지고 있는 임상 수의사들은 구체적으로 어떤 일을 하고 있을까요?

대동물 임상 수의사는 가축을 기르는 농가의 질병예방을 위해 방역과 소독을 하고 전염병 예방을 위해 예방주사 접종을 해요. 축산농가의 요청이 있으면 분

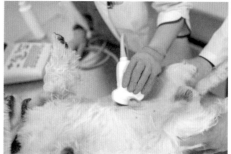

반려동물 건강검진, 초음파 검사.

만을 돕기도 해요.

　대동물들을 산업동물이라고 하는 것에서 알 수 있듯이 대동물들은 농가의 수익을 위해 길러요. 그래서 특히 중요하게 관리해야 할 것이 쾌적한 환경에서 건강하게 키우는 것이에요. 콜레라, 조류독감, 광우병과 같은 전염병이 발생해 집단 폐사가 되는 위험을 예방하고 가축들이 건강하게 자랄 수 있도록 모든 의학적 조치를 취하는 것도 대동물 임상수의사들의 중요한 업무 중 하나예요. 이를 위해서 가축 사육에 대한 올바른 지식을 잘 알지 못하는 농가들을 위한 교육과 축산농가 수익을 위해 산업동물에 대한 컨설팅도 같이 한다고 해요.

　이에 반해 소동물 즉 반려동물 수의사는 우리의 가족인 반려동물의 건강을 책임지기 때문에 내과, 외과, 산부인과, 안과 등 다양한 진료과목에 대해 평생 공부하며 진단과 치료를 해요. 과거에는 개나 고양이의 수명이 10~15년 사이였지만 지금은 15~20년으로 늘었어요. 수명이 늘자 노년의 질병

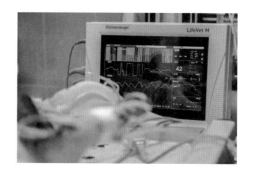

이 새롭게 발견되고 있으며 생활 환경도 달라지고 새로운 의학이 발달하면서 좀 더 효과적이고 효율적인 치료법이 소개되고 있어요. 또 반려인들이 키우는 반려동물도 개와 고양이 외에도 새, 고슴도치, 기니피그, 파충류에 이르기까지 다양해지면서 더 많은 동물의 특성과 치료법을 요구하게 되었어요.

이에 따라 진료과목도 외과 수술 전문의, 안과 전문의, 내과 전문의, 치과 전문의, 심장 전문의, 탈구 전문의 등 더 세분화되어 가고 있어요. 개, 고양이, 조류, 파충류, 어류 등 치료하는 반려동물에 따라서도 전문 임상수의사들이 생기고 있고요.

반려동물 수의사들은 촉진(만져보는 것), 시진(보는 것)을 비롯해 다양한 검사를 실시해요. 진단키트, X-레이나 초음파 등을 이용하여 아픈 동물들의 병의 원인을 찾아내 이에 맞는 처치를 해요. 보통 약과 주사를 통한 처치가 많으며 수술을 통한 치

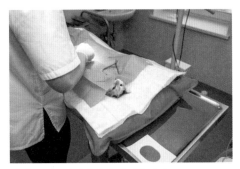

반려동물도 다양한 수술이 이루어져요.

료를 진행하기도 해요. 약의 정확한 복용법과 사후 관리에 대한 주의사항을 알리는 것도 수의사들이 해야 할 일들 중 하나예요. 때로는 반려동물에게 더 적절한 치료를 받을 수 있도록 전문병원을 소개하기도 해요.

연구의

정부 산하 기관이나 연구소에서 동물들의 각종 질병 예방과 품종 개량, 동물

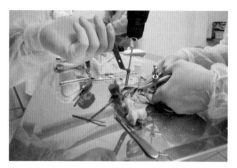

동물 전염병 조사도 연구의들의 연구를 통해 밝혀내 다른 동물들이 피해를 입지 않도록 조치해요.

매개 전염병을 위한 연구와 약품 개발 등을 하는 수의사들도 있어요.

수의직 공무원들은 농림축산검역본부나 지자체 공공기관에서 일하며 시중에 유통되는 육류, 우유, 계란 등 다양한 축산물에 대해 안전 검사와 수입 통관되는 축산물에 대한 검역을 실시해요. 또 문제가 발생한 지역의 동물을 검사해 전염병의 유무를 알아내거나 역학조사를 통해 동물들의 전염병이 퍼지지 않도록 검역과 방역에 대한 대책을 수립하고 시행하는 일도 연구의들이 하는 일 중 하나예요. 이 외에도 국가에서 관리하는 동물 관련 일들은 대부분 연구의들의 참여가 이루어져요.

기업 진출 수의사

기업이나 동물원에서 연구를 위해 길러지는 실험동물의 관리와 동물원의 동물 및 수족관의 수생동물 등 각종 동물의 영양 상태를 관리하고 번식 및 사육과 질병 관리를 담당하는 수의사들도 있어요.

주로 실험용 쥐나 토끼들, 개와 고양이, 침팬지, 소와 양 등 다양하며 치료나 건강을 위해 먹는 영양제와 치료제, 동물용 약들, 화장품 등 다양한 분야에서 실험동물을 이용한 실험을 하고 있는데 동물실험을 반대해 친환경적인 방향으로 전환되고 있는 분야도 있지만 의약품은 먼저 동물실험을 통해 안정성 유무를 판단해요.

다양한 영역에서 실험용 동물들이 이용되고 있지만 동물보호논란도 함께 일어나고 있어요.

경마장의 경주용 말과 동물원, 아쿠아리움의 동물 보건을 책임지는 것도 수의사의 일이에요. 야생동물 보호와 치료를 전문으로 하는 야생동물구조관리센터 등 동물복지와 관련된 분야도 수의사들이 진출하는 곳이에요.

반려동물 관련 제품들 특히 의약품과 사료, 간식 전문 기업에도 수의사들은 꼭 필요해요. 현대사회는 펫코노미 시대라고 할 정도로 시장은 폭발적으로 성장하고 있어요.

이처럼 간단하게 살펴보았음에도

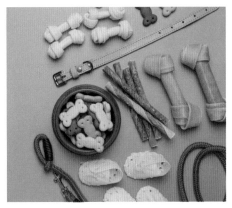

반려동물을 위한 다양한 간식 개발에도 수의사가 필요해요.

우리는 수의사들이 정말 많은 분야에서 일하는 것을 알 수 있어요. 1000만 반려인의 시대를 넘어서 코로나 시대에 접어들면서 미국에서는 '팬데믹 퍼피'라는 신조어까지 등장할 정도로 반려동물 시장의 성장세는 커져가는 만큼 수의사의 전망은 아주 밝습니다.

수의사가 되려면 무엇을 준비해야 할까요?

수의사가 되기 위해서는 반드시 수의학과를 나와 국가고시인 수의사 면허증을 취득해야 해요.

수의과는 수의학의 기초를 배우는 수의예과 2년을 거친 뒤 본과인 수의학을 4년간 공부해 총 6년 과정이에요. 졸업 후 국가시험에 합격하면 수의사 면허증을 받게 되어요.

수의학과는 서울대학교, 건국대학교, 경북대학교, 경상대학교, 전북대학교, 전남대학교, 충남대학교, 제주대학교, 강원대학교 등이 대표적이며 내신 1등급에 상위 2~5%의 높은 성적을 유지해야 갈 수 있어요.

최근에는 대학졸업자 전형이나 편입학을 통한 수의학과 진학도 가능해졌어요. 이 경우에는 4년 정도의 교육과정을 거치면 수의사 국가 자격시험을 치를 수 있어요.

또 수의사는 의사처럼 생명을 다루는 일을 하기 때문에 암기할 것도 많고 공부해야 할 것이 정말 많아요. 뿐만 아니라 의사표현이 불가능한 동물이기 때문에 아픈지 안 아픈지 반려인이 알아채기 전까지는 계속 고통 받기 때문에 의료인프라에 의지할 수밖에 없는 동물의 건강을 돌보고 상심한 반려인에 대한 배려도 해야 하는 섬세한 직업이기도 해요.

동물을 사랑하고 이해하는 마음을 가지고 동물과 반려인을 대해야 하며 응급 상황이 발생했을 때는 냉철한 판단력과 순발력도 있어야 해요. 그러니 수의사가 되고 싶다면 생명 존중과 교감하는 마음으로 동물을 배려할 수 있을지 고민해서 결정하기를 바라요.

포스트 코로나 시대 수의사의 전망은 어떤가요?

펫팸족, 펫코노미는 최근 반려동물과 관련된 신조어 중 하나예요. 우리나라만 해도 천만 반려동물 가족의 시대가 되었고 1인 가구 시대가 되면서 반려동물을 가족으로 맞이해 함께 사는 인구는 더 늘어나고 있어요.

그리고 애완동물이 아니라 반려동물 즉 가족으로 생각하는 문화가 정착되면서 반려동물들에게 더 나은 의료서비스를 제공해 건강한 삶을 선물하고 싶어 해요. 이것이 바로 제1차 동물병원에서 제3차 동물병원까지 병원의 규모가 다양화되고 세분화되거나 전문화되는 큰 이유 중 하나예요. 개인병원부터 종합병원, 프렌차이즈 병원까지 우리 사람의 병원과 비슷해진 것이죠. 또 진료과목 또한

전문화, 세분화되고 있어 임상수의사의 전문화도 눈에 띄는 특징이 되어가고 있어요. 동시에 반려동물을 가족으로 생각하는 반려인들은 임상수의사들에게 보다 전문적인 의료 실력과 사후 관리를 요구하게 되었어요.

한 나라의 수준을 알고 싶다면 동물의 복지가 어떤지 확인해보라는 명언이 있어요. 전 세계에서 선진국으로 꼽히는 나라들은 동물 복지와 관리에 많은 투자를 해요. 우리나라 역시 다양한 동물 질병과 복지를 중요하게 생각하고 있으며 이에 따라 구제역이나 돼지 콜레라, AI(조류독감) 등과 같은 동물 전염병의 검역과 방역을 위해 노력하고 있어요. 그래서 관련 업무를 하는 수의사들의 활동도 활발하지만 아직도 많이 부족한 상황이라고 해요.

수의사는 반려동물이나 대동물 진료를 비롯해 연구의로도 일할 수 있으며 동물 관련 기업에서 동물과 관련된 연구를 담당할 수도 있어요. 그림처럼 치료제, 약, 치료용 샴푸를 비롯한 제품들, 사료, 간식 등이 모두 해당돼요.

이뿐만이 아니에요. 반려인구가 증가하면서 반려동물을 위한 산업도 눈부신 성장을 하고 있어요. 그중에서도 사료에 대한 수요는 반려동물이 늘수록 그 수요가 증가함과 더불어 고급화, 다변화, 세분화되고 있어요. 치료 목적의 처방사료와 반려동물의 종에 따른 사료 등 목적에 따라 다양화되고 있는 것이죠. 여기에는 재료와 영양소에 따른 분류도 들어가요. 치료용과 예방용으로 나오는 간식들과 영양제들도 갈수록 많아지고 있고요. 흔히 반려동물 산업을 블루오션이라고 표현하는데 이 모든 분야에는 수의사의 역할이 꼭 필요해요.

이 분야의 사업은 우리들이 먹고 마시고 치료하는 모든 것에 대입해보면 이해가 더 쉬울 거예요.

이와 같이 사람처럼 대우받는 것을 뜻하는 것을 펫 휴머니제이션 트렌드라고 부르기도 해요.

앱 서비스 중 스타트업체 펫프라이스에서는 보호자가 반려동물의 성별 몸무게 증상 등 반려동물의 정보를 토대로 진료 과목 견적을 요청하면 보호자가 사는 지역의 수의사가 진료 및 수술 여부 등을 판단해 절차와 진료비에 대한 예상 견적을 보내주는 서비스를 하고 있어요.

스마트 시대이자 포스트 코로나 시대가 되면서 비대면 접촉으로 인해 개인 활동 시간이 더 증가된 만큼 사람들은 반려동물에게 더 많은 투자를 한다고 해요. 이는 반려동물 산업의 확장세와 함께 건강을 생각하는 소비자의 니즈를 만족시키기 위해 수의사들의 전문 능력이 더 많이 필요로 하게 된 이유 중 하나예요. 따라서 동물 진료가 주업무가 되는 임상수의사 외에도 다양한 분야에서 수의사의 전망은 아주 밝습니다.

반려동물의 종류는 다양해요.

고양이와 강아지 등 반려동물에 대한 관심이 커져갈수록 수의사의 전망도 밝아져요.

가상현실
전문가

가상현실 VR: virtual reality 전문가란 무엇일까요?

특정 컴퓨터 프로그램을 이용해 사용자가 원하는 가상세계를 현실처럼 느껴지는 시/공간으로 만들어 다양한 응용분야에 활용하는 일을 하는 전문가를 말해요.

가상현실은 무엇인가요?

가상현실이란 현실과 비슷하지만 실제가 아닌 시공간의 가상환경이나 상황을 말해요. 가상현실을 만드는 방법은 크게 두 가지가 있어요. 첫 번째는 그래픽 기반의 VR로, 컴퓨터 그래픽을 이용해 현실에 존재하지 않는 배경과 구성 요소를 3차원으로 만들어 사용자가 원하는 가상현실을 만드는 것이에요.

두 번째는 실제 장소를 촬영한 VR로, 실제 현장을 360도 카메라로 촬영해서 여러 각도의 영상을 하나로 합친 후 현장에 있는 듯한 느낌을 주는 것이에요.

이 두 가지 방법 중 구현하고자 하는 가상세계에 맞는 방법을 이용해 콘텐츠를 만든 후에 오류가 없는지 테스트한 후 제품을 완성해요.

가상현실의 종류는 몰입형 가상현실, 원거리 로보틱스, 데스크탑 가상현실, 삼인칭 가상현실로 나눌 수가 있어요.

몰입형 가상현실은 말 그대로 실제와 같은 생생한 현실감을 주어 가상현실에 몰입감을 갖도록 만든 시스템이에요. 대표적인 예로는 3D 게임이 있어요.

몰입형 가상현실 안에서 구현되는 가상현실은 HMD(Head Mounted Display)

VR 스포츠의
다양한 종류들.

나 데이터 글러브, 데이터슈트, 스페이스 볼 등 다양한 특수 장비를 통해 직접 보고 만지고 느끼며 조작과 소통이 가능하도록 설계되어 있어요.

2020년 코로나19로 콘솔 게임인 '플레이스테이션'과 '엑스박스v는 큰 화제가 되었어요. 그리고 함께 출시된 VR은 이제 별도의 컨트롤러 없이 HMD만으로 독립적 운용이 가능한 수준까지 발전했어요.

VR 관련 개발자들은 온도와 압력을 느낄 수 있는 트래킹 장비의 개발과 물리 엔진의 개량을 통해 게임 내 상호작용을 더욱 현실적으로 제공하기 위해 노력 중이에요. 또한 인간의 감각과 현실을 물리적으로 느  낄 수 있는 기술을 구현하기 위해 연구 중이라고 해요.

데스크톱 가상현실은 데스크탑 컴퓨터 모니터에 3D 입체안경과 3D마우스, 조이스틱을 연결하여 비교적 간단하고 쉬운 가상현실을 구현할 수 있어요

삼인칭 가상현실은 오락용으로 많이 쓰여요. 원리는 좀 더 단순해요. 컴퓨터가 만들어 놓은 가상현실에 비디오카메라로 촬영된 사용자의 모습을 구현시켜 사용자가 가상공간에 존재하는 것과 같은 효과를 줘요.

가상현실 전문가가 하는 일은 무엇일까요?

가상현실 전문가에게 있어 가장 중요한 일은 컴퓨터그래픽과 프로그래밍 언어에 대한 지식을 바탕으로 사용자에게 적합한 가상현실을 구현해 내기 위해 가상현실 환경을 기획하고 시스템을 프로그래밍하는 일이에요.

가상현실은 수많은 기술이 집약적으로 모여 만들어지는 만큼 매우 복잡하고 세밀한 작업이에요. 또한 적용될 분야는 무궁무진해요. 따라서 수많은 전문 분야의 사람들과 콘텐츠가 만들어지기까지 의견 조율을 해야 해요.

가령 가상현실로 재난이나 화생방 훈련을 한다면 실제 위험을 대비한 효과적인 훈련이 가능해요. 불의 뜨거움이나 위험성을 가상체험함으로써 위험에 효과

다양한 형태의 가상 현실 게임들. 오른쪽 맨 아래의 포켓몬고는 한때 선풍적인 인기를 끌던 가상현실게임이에요.

적인 대응이 가능할 수 있어요.

그런데 이와 같은 가상 체험 콘텐츠를 만들기 위해서는 화재 전문가와 재난 전문가의 전문지식이 필요해요. 현실적인 느낌을 구현해야 하기 때문에 건축과 기술, 과학적 지식도 필요로 해요.

가상현실 전문가는 이와 같은 수많은 전문가와 기술자들 사이에서 내놓는 다양한 의견들을 조율해 콘텐츠를 만들어야 하는 만큼 분석력, 창의력, 응용력 그리고 사람에 대한 이해도 필요해요.

가상현실 전문가가 되려면 무엇을 준비해야 할까요?

가상현실 전문가가 되고 싶다면 전공으로는 응용소프트웨어공학과, 정보·통신 공학과, 컴퓨터 공학과, 컴퓨터 그래픽과, 컴퓨터디자인 학과 등을 선택하면 돼요. 또 관련 전문직으로는 증강현실 전문가, 컴퓨터 시스템 설계분석가, 시스템 소프트웨어개발자, 응용소프트웨어개발자 등이 있으니 관심 있는 분야를 정해서 준비해 보세요.

이 외에도 가상현실 서비스 플

랫폼 개발자와 체험형 가상 증강 현실 콘텐츠 제작자 등의 훈련 과정이 개설되어 있어요.

2010년 이후 매우 빠르게 성장한 가상현실 관련 분야는 비대면 사회가 되면서 가상현실이 적용될 분야가 더 커져가고 있어요. 따라서 어떤 분야를 가상현실에 응용해 보면 좋을지 생각하며 관련된 책과 자료를 찾아보는 것도 중요한 과정에 속해요.

아무리 좋은 대학이나 관련 전문 기관에서 가상현실 관련 전문지식을 배운다고 해도 응용력과 창의력이 없다면 좋은 콘텐츠가 나오기는 힘들어요. 또한 디자인의 개념, 과학에 대한 기초적 지식 및 건축과 설계, 창의력, 상상력과 이 모든 것을 끈질기게 해낼 수 있는 인내력을 필요로 해요. 이와 함께 현실과 가상을 연결할 수 있는 컴퓨터 프로그램을 이해하고 있어야 해요. 따라서 미리미리 다양한 상상력과 사고력을 키우고 새로운 체험 앱이나 체엄장이 있다면 직접 경험해보는 것도 좋아요.

가상현실의 세계는 삶 그 자체를 반영할 수도 있고 영화적 만화적 상상력을 발휘할 수도 있는 만큼 과학, 미술, 음악, 역사, 사회 등 다양한 분야에 대한 지식이 꼭 필요하다는 것도 기억해야 해요.

이 과정을 거쳐 관련 학과를 졸업한 뒤 취업을 하게 되면 2~3년 정도 실무경험을 쌓아서 더 많은 일을 할 수 있어요. 프로젝트의 일원으로 경력을 쌓은 후 창업이나 프리랜서가 되어 원하는 가상현실 세계를 구현하는 가상현실 전문가로 활동할 수 있어요.

포스트 코로나 시대 가상현실 전문가의 전망은 어떤가요?

가상현실 전문가가 현재 활동하고 있는 분야는 게임과 영화 등 문화 콘텐츠 사업 중심이에요. 그중에서도 게임 분야는 활용 가치가 매우 커서 투자가 집중되고 있어요.

그리고 앞으로는 군사, 교육, 의료, 여행 등 더 많은 분야로 확대될 예정이에요.

가상현실은 이제 현실 세계에도 활용되어 증강현실로 진화하고 있으며, 가상현실의 몰입도와 증강현실의 현장감이 합쳐진 혼합현실로도 구현되고 있어요. 뿐만 아니라 소방 훈련이나 교통 사고 체험 등 활용도가 더욱 확장되고 있는 추세예요.

소방훈련과 같은 재난 훈련도 가상현실과 증강현실을 활용해서 교육이 가능해졌어요.

실제로 우리나라에서는 화학사고와 테러로부터 국민을 지키기 위해 증강현실과 가상현실을 활용한 교육을 시작했어요. 화학물질 안전 교육과 관련 민원을 담당하는 환경부 소속 화학물질안전원으로, 화학사고 대응 전문교육 교육생을 연 6000명씩 배출할 예정이에요.

가상현실과 융합될 수 있는 분야는 이밖에도 무궁무진해요. 공연, 교육, 문화 컨텐츠, 의료, 쇼핑, 패션, 테마파크 등으로 확대되고 있으며 포스트 코로나 시대가 되면서 직접 여행을 갈 수 없게 되자 가상현실이 그 대안으로 뜨는 등 발전

가능성 또한 가장 큰 분야 중 하나입니다.

여러분은 어떤 가상현실의 세계를 만들고 싶은가요? 여러분의 꿈과 상상력이 실현된 가상현실의 창조자가 되어 보세요.

VR을 쓰고 가고 싶은 여행지를 고르면 눈앞에 그곳이 펼쳐지는 세상이 연구 중이에요.

여행을 쉽게 갈 수 없는 시대에 VR로 하는 여행은 어떨까요?

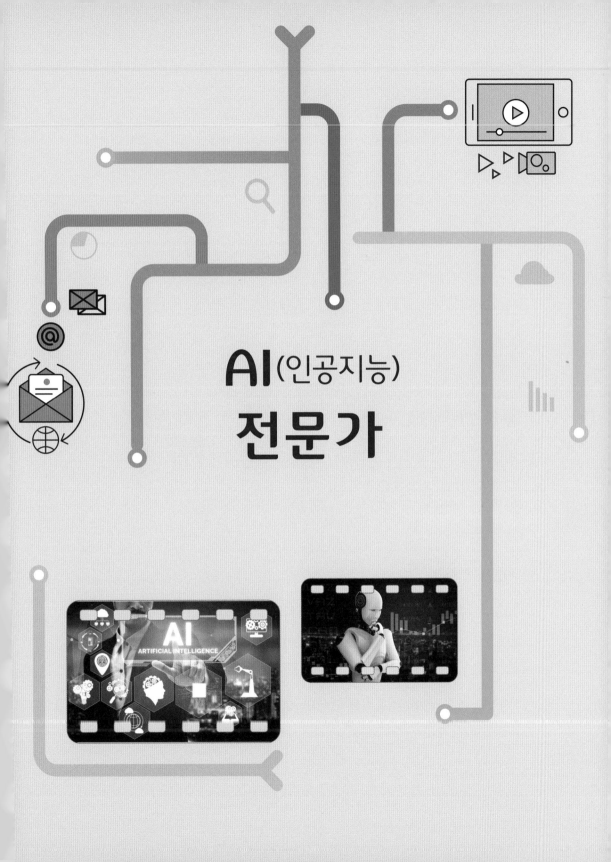

AI(인공지능)
전문가

AI 전문가란 무엇인가요?

AI 전문가란 사람처럼 생각하고 학습할 수 있는 지적 능력을 가진 컴퓨터 프로그램을 만드는 전문가를 말해요.

AI는 무엇인가요?

AI$^{\text{Artificial Intelligence}}$는 인간적으로 생각하고 학습하고 추론하는 지능을 가진 존재 또는 소프트웨어를 말하며 우리 말로는 인공지능이라고 합니다.

인공지능의 역사는 17세기부터 찾을 수 있지만 본격적인 인공지능의 역사는 21세기에 들어서면서 컴퓨터와 관련된 하드웨어와 소프트웨어의 비약적 발전이 이루어지고 나서야 가능했어요. 이때가 되어서야 컴퓨터가 학습한다는 개념

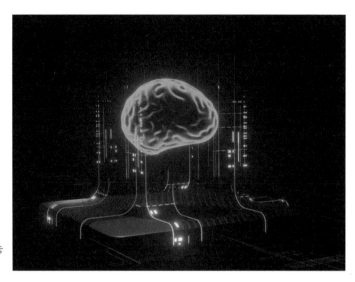

AI는 스스로 학습이 가능
한 소프트웨어를 말해요.

이 확립되었는데 이를 머신러닝^{Machine Learning}(기계학습)이라고 해요.

과거에는 수많은 데이터 중에서 정해진 알고리즘을 통해 결과를 도출해내는 방식의 인공지능 연구가 21세기가 되면서 수많은 데이터를 바탕으로 인간처럼 학습해서 인간의 추론과 비슷한 형태로 결론을 도출해내는 방식인 머신러닝의 개념으로 진화하게 된 것입니다.

우리가 알고 있는 구글의 알파고에 적용된 딥러닝^{Deep Learning}(심층학습)도 머신러닝의 여러 기법 중 하나예요.

그리고 현재 우리 사회는 알파고를 비롯해 많은 인공지능 컴퓨터들이 활동하고 있어요.

'의사' 직업에 대한 소개에서도 나왔지만 인공지능은 의료계를 비롯해 다양한 산업분야에서 활동하고 있어요. 여러분의 핸드폰에 살고 있는 시리 등도 AI의 한 종류라고 생각하면 이해가 좀 빠를까요?

AI 로봇의 변천사.

사람처럼 지식을 습득하고 대화하고 판단하며 심지어는 감성의 영역까지 지닌 컴퓨터 프로그램이 AI 전문가들이 꿈꾸는 영역이에요.

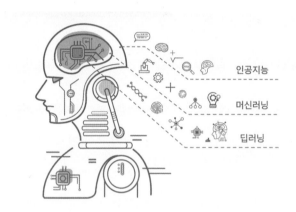

인공지능의 학습 3단계 과정의 인포그래픽.

AI 전문가가 하는 일은 무엇일까요?

인공지능 전문가의 가장 핵심적인 일은 인공지능을 학습시키는 기술적인 소프트웨어를 비롯한 영상인식, 음성인식, 번역, 자연어(컴퓨터언어가 아닌 사람이 하는 말)을 이해하고 판단하는 소프트웨어 개발이에요. 이 외에도 인공지능 전문가가 해야 할 일은 많지만 여기에서는 가장 중요한 핵심인 소프트웨어 개발을 중심으로 설명할까해요.

AI 전문가가 되려면 무엇을 준비해야 할까요?

AI 전문가가 되고 싶다면 가장 먼저 수학을 잘 해야 해요. 또 컴퓨터 프로그래밍을 할 줄 알아야 합니다. 4차 산업혁명 시대에 가장 환영받는 학문 분야는 수학자라고 해요. IT 분야가 주를 이루는 사회에서 수학은 많은 가능성을 열어주죠.

또 AI는 빅데이터와 연관이 많기 때문에 프로그래밍을 기반으로 빅데이터 기술까지 다룰 수 있어야 해요. AI가 학습을 할 수 있는 기반이 바로 이 데이터들이기 때문입니다.

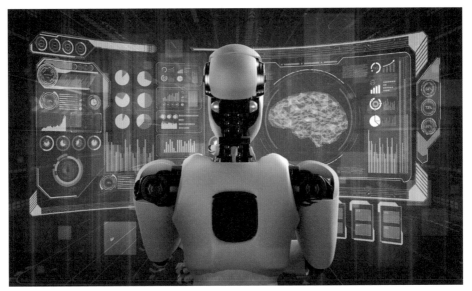

스스로 학습을 하는 인공지능에게 빅데이터는 아주 중요한 자산이에요.

다시 말하자면, 축적된 빅데이터를 인공지능 스스로 학습을 해서 우리에게 필요한 정보를 주고 있는 것이죠. 어때요? 빅데이터가 인공지능에도 중요하게 쓰이고 있다는 것이 재미있지요?

이번에는 로봇을 떠올려 볼까요? 로봇을 움직이도록 하려면 로봇을 작동하게 하는 프로그램이 탑재되어야 하는데 그것이 바로 인공지능이에요. 그렇기 때문에 인공지능 전문가는 컴퓨터 소프트웨어를 반드시 다룰 줄 알아야 해요. 대학에서 컴퓨터 공학이나 정보통신 공학, 전자 공학, 소프트웨어학, 정보 공학, 정보 시스템, 데이터 프로세싱 등 관련된 과목을 전공하면 매우 유리하겠지요.

우리나라 대학에는 아직 AI 전공 교육 과정이 없습니다. 따라서 위에서 소개한 분야를 공부한 후 대학원에 진학해 전문적으로 공부할 수 있어요.

본격적으로 공부하기 위해서 심리학이나 철학을 공부해두는 것도 좋습니다. 인간이 도달하고자 하는 AI의 영역은 사람처럼 생각하고 판단하고 감성까지 갖게 하는 것이며 이를 위해 인간의 심리를 공부하고 또 수없이 충돌하는 윤리, 철학의 문제까지도 생각해야 하기 때문이에요.

또 인간의 사고력과 추론 능력을 가진 AI를 개발하기 위해서 뇌과학을 공부하는 전문가들도 많다고 해요. 우리가 놀라움 속에 접하고 있는 인공지능의 원리가 사실은 인간의 뇌가 정보를 습득하고 분석하는 과정을 모델로 만들어졌기 때문이지요. 이것이 인간의 신경망을 모델로 한 '인공신경망'이라고 합니다. 인공신경망의 개발로 인공지능은 그 어떤 시대보다 놀라운 속도로 발전을 하고 있다고 해요.

만약 인공지능이 계속 발전을 거듭해 인간처럼 생각하고 판단할 수 있게 된다면 혹시 인류를 지배하고 싶어지지 않을까? 하고 불안감을 가진 사람들도 많습

인간처럼 생각하고 추론하고 판단하는 인공지능을 개발하기 위해서는 인간에 대한 이해가 밑바탕이 되어야 해요. 그리고 그중에는 뇌과학 분야도 포함되어 있어요.

니다. 이런 불안과 공포는 이미 많은 영화와 소설로도 소개되었어요. 그중 하나가 〈엑스 마키나〉라는 영화예요.

〈엑스 마키나〉에는 튜링 테스트를 받는 AI 로봇 에이바가 나와요. 이 영화에서는 인간과 똑같이 생긴 로봇이 축복이 될지 인류에게 재앙이 될지에 대한 의문을 던지고 있어요. AI라는 영화도 있어요.

이 두 영화는 전혀 다른 이야기를 하고 있지만 인공지능 로봇이 우리에게 어떤 영향을 미칠지에 대해 생각해봐야 할 것들을 소개하고 있어요. 영화나 소설 속 AI가 존재하는 세상은 여러가지의 영화나 소설이 아니라 현실이 될 가능성도 높다고 합니다. 그래서 과학자들은 인공지능이 폭주하거나 인간에게 해가 되는 일을 하지 못하도록 다양한 제어 장치도 함께 연구하고 있다고 해요.

철학과 심리학을 공부해야 하는 이유가 여기에 있습니다. 무엇보다 AI 전문가는 도움을 필요로 하는 사람을 돕고 인류의 행복을 도울 수 있는 인공지능을 만드는 것을 목표로 해야 해요. 아무리 천재적인 발명품이라고 해도 인류에게 해가 되는 것은 재앙으로 돌아오기 때문에 사람을 지키고자 하는 마음이 인공지능 전문가가 되기 위한 가장 기본적인 자세일 것입니다.

포스트 코로나 시대에 AI 전문가의 전망은 어떤가요?

전 세계에서 가장 수요가 많은 직업이 AI 전문가입니다. 수많은 기업과 국가와 다양한 분야에서 AI 전문가를 필요로 합니다. 하지만, 수요에 비해서, 현실은 AI 전문가를 양성하기 위한 교육기관도 제대로 갖추어지지 않은 상태입니다.

우리가 사는 세상은 현재 인터넷과 SNS로 인해 사회의 변화 속도가 너무 빨라졌어요. 90년대에 처음 선보였던 핸드폰은 현재 컴퓨터의 기능을 넘어 사물인터넷과 결합해 더 많은 일을 할 수 있게 되었답니다. 사람들은 이제 현금을 가지고 다니지 않으며 신용카드도 핸드폰 안으로 들어와서 핸드폰 하나만 가지고 있으면 경제활동도 자유롭게 가능해지는 세상이 되었어요.

그리고 수많은 CCTV와 영상들, 데이터들이 쌓이는 속도는 우리의 상상력을 벗어났어요. 빅데이터의 가치는 커져만 가고 있는데 이를 처리할 수 있는 것은 인간의 힘으로는 한계가 있어요. 수많은 데이터를 분석하고 원하는 결과를 도출해내기 위해서는 인공지능의 힘이 필요하게 된 것이죠. 여기에 인간의 철학, 문화, 감성, 생각, 추론 능력이 더해져 인공지능이 판단을 할 수 있는 능력이 생긴다면 우리 사회는 훨씬 효율적이고 풍요로운 사회가 될 것입니다.

AI 로봇이 움직일 수 있는 힘은 소프트웨어에 해당되는 프로그램에서 나와요.

그리고 이것이 궁극적인 AI 개발자들의 목표예요.

포스트 코로나 시대는 회사에 출근하던 시대를 바꾸어 놓고 있어요. 재택근무로도 회사가 움직인다는 것을 알게 되었고 이를 더 효율적으로 관리하기 위해 인공지능 컴퓨터의 역할이 더 확대되었어요.

인공지능은 수많은 국가와 교육기관과 기업들이 아낌없이 투자하고 있는 미래 아니 현실의 주요 기술이에요. 많은 과학자들과 연구자들, 미래학자들은 인공지능이 수많은 영역의 사물들과 연결되면서 사물인터넷, 자율주행차, 로봇,

게임, 의료, 보안 등 우리 생활 전반으로 확장될 거라고 예측하고 있어요.

삼성전자에서는 인공지능 관련 푸트테크 기업인 위스크사를 인수한 후 인공지능을 이용해 요리법을 소개하거나 식료품 구매처 등 식품 관련 정보를 지도화해서 소비자에게 맞춤 서비스를 하고 있어요. 식품 관련 정보가 모두 제공되는 인공지능 플랫폼을 서비스하는 것이죠. 이 플랫폼이 성공한다면 위스크의 가치는 무궁무진해져요. 다양한 제품 판매와 막강한 정보력, 빅데이터를 통해 인공지능을 활용한 사업이 얼마든지 가능해질 수 있으니까요.

이곳에 모인 정보를 바탕으로 어떤 사업을 할 수 있을지 상상력을 발휘해 보세요.

현재 우리나라는 AI 특허 등록 건수가 497개로 18년 기준 중국과 미국 다음으로 높아요.

AI가 활발하게 이용되고 있는 중요 분야를 소개하면 다음과 같아요

- 금융 분야의 인공지능 시장
- 유통 분야의 인공지능 시장
- 헬스케어 분야의 인공지능 시장
- 자동차 및 교통 분야의 인공지능 시장
- 농업 분야의 인공지능 시장
- 법률 분야의 인공지능 시장
- 오일 및 가스 분야의 인공지능 시장

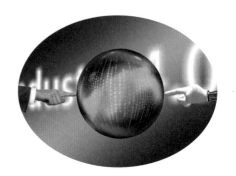

우리나라도 모두 진출해 있는 인공지능 활동 분야예요. 삼성전자의 위스크 사

AI는 우리 사회 다양한 분야에서 이용되고 있으며 AI를 적극적으로 활동하게 될 시장은 빠르게 싱징하고 있어요.

업에서 떠올일 수 있듯 21세기 4차산업혁명에서 핵심이 되는 사업 분야에 진출한 인공지능은 사물인터넷을 비롯해 다양한 IT산업과 융합해 더 많은 활약을 하게 될 것입니다.

따라서 대한민국을 비롯한 모든 국가와 수많은 기업들이 적극적으로 투자하고 있는 분야가 AI 분야임을 기억하세요.

머지않아, 곧 우리는 고성능 AI를 탑재한 로봇과 함께 일하며 이야기하고 놀이와 여행을 즐기는 시대를 맞이하게 될 거에요. 그런 시대는 지금 AI 전문가를 꿈꾸는 여러분이 이끌어 나가게 될 것입니다. 자! 이제 인공지능에 꿈이 있다면 앞으로 다가올 로봇과 인간이 행복하게 사는 세상을 위해 지금부터 준비해 보세요.

사회복지사

사회복지사란 무엇일까요?

경제적, 심리적, 정서적으로 사회적인 도움이 필요한 노인, 여성, 청소년, 장애인, 아동 등 다양한 계층의 어려움을 돕고 의뢰인의 문제해결을 하기 위해 필요한 각종 사회복지프로그램을 기획하고 운영하고 평가하는 일을 해요. 또 문제해결에 필요한 방안을 찾아 대안을 제시하는 일을 하는 전문가를 사회복지사라고 해요.

사회복지란 무엇인가요?

사회복지는 한 사회에 살고 있는 모든 사람들의 생활향상과 행복 추구를 목표로 하는, 인간다운 삶을 살 수 있도록 돕는 직간접적인 모든 다양한 복지제도를 위한 정책을 말해요.

사회복지사는 무슨 일을 할까요.

사회복지사는 개인의 행복한 삶뿐만 아니라 사회적인 안정도 추구해요. 경제적, 심리적, 정서적으로 어려움을 겪고 있는 사람들을 위해 일하기 때문에 다양한 분야에서 근무하게 돼요. 가장 대표적인 곳으로는 사회복지시설, 복지관, 의료시설, 학교, 산업시설, 교정시설, 복지전담 공무원 등이 있으며 근무지의 성격에 따라 업무가 조금씩 다르다고 해요.

사회적 도움이 필요한 사람의 생존과 성장을 돕고 안정적인 사회 복귀를 할 수 있도록 돕는 일을 하기 때문에 사람을 이해하고 배려하는 마음이 꼭 필요한

사회복지사의 다양한
역할.

직업이에요.

또한 도움이 필요한 사람들의 욕구와 행동에 적절히 대응할 수 있는 문제해결 능력과 협상 능력, 상대를 설득할 수 있는 능력이 필요해요.

일반적으로 사회복지사의 업무는 크게 7가지 나눌 수 있어요.

첫 번째, 사회복지사는 도움이 필요한 사람들을 만나서 어떤 도움이 필요한지 구체적으로 파악하고 문제해결을 위한 자료 수집을 해요.

두 번째는 수집한 자료를 바탕으로 문제 분석을 한 후 대안을 제시해요.

세 번째는 제시한 대안이 잘 이루어질 수 있도록 경제적, 법률적인 부분에 대한 상담도 해요.

네 번째는 다양한 사회 복지 프로그램을 기획하고 개발하여 운영하고 평가하는 일도 해요. 이 과정 중에서 자원봉사자들을 모집하고 운영 관리하는 일도 해요.

다섯 번째는 복지서비스를 위한 대상자를 선정하고 대상자들의 생활과 건강을 위한 지도를 담당하기도 해요.

여섯 번째는 다양한 복지서비스 수행에 대한 보고서 작성 및 다양한 복지 행

사회복지사는 현실적인 사회복지 정책을 만들거나 개선할 수 있고 제도에 대한 평가를 담당할 수도 있습니다.

정업무도 해야 해요.

마지막으로 사회복지 정책을 만드는 과정에 참여하여 대안을 제시하고 평가하는 일을 담당해요

미래사회로 갈수록 소통능력은 강력한 무기가 된다고 해요. 그리고 사회복지사에게 필요한 최고의 능력이자 무기는 도움을 필요로 하는 사람에 대한 공감과 소통능력이에요.

여러분이 사회복지사가 된다면 다양한 사회복지 분야 중 어디에서 일하고 싶으세요? 어떤 도움을 주고 싶은가요? 사회복지사의 업무를 크게 나누어 정리한 7가지 내용을 보며 어떤 사회복지 분야에서 어떤 사회복지가사 되고 싶은지 미래를 그려보세요.

사회복지사가 되려면 무엇을 준비해야 할까요?

사회복지사가 되고 싶다면 전문대학과 대학교에서 사회복지학과, 사회복지행정, 사회사업학, 아동복지학, 청소년학, 노인복지학 등을 전공하면 유리해요. 대학원으로 진학해 석사, 박사 과정을 밟아도 좋아요.

대학에서는 사회복지개론, 노인복지론, 아동복지론, 사회복지실천방법론, 장애인복지론, 가족복지론 등의 과목을 이수하게 되며 사회복지 현장실습도 할 수 있어요.

대학교에서 전공과목을 이수하지

않아도 다양한 관련 기관과 평생교육원, 학점은행제를 통해 사회복지사가 될 수 있어요.

사회복지사는 1급과 2급 자격증이 있어요. 사회복지사 2급은 일정 학점을 이수하고 현장실습 조건을 충족하면 무시험으로 자격을 취득할 수 있어요. 사회복지사 2급은 아동, 청소년, 가족, 여성, 장애인 등 대상에 따라 다양한 시설과 센터에서 일하게 돼요.

우리가 알고 있는 지역사회복지관이나 보호센터, 자원봉사센터, 기업이나 공공기관을 비롯한 사회복지 법인에서 일할 수 있어요. 또한 사회복지 공무원 응시 자격이 주어져서 사회복지 공무원 시험에 도전할 수 있어요.

취약계층을 돕는 방법은 상대방이 필요한 부분을 돕는 것이기 때문에 아주 다양해요. 꾸준하게 식사를 하게 해서 건강을 챙기거나 너무 망가진 집의 일부를 고치는 것도 이에 해당됩니다.

지금까지 사회복지사 1급은 사회복지사 4년제 학사학위자가 사회복지사 2급 자격을 취득한 후에 사회복지사 1급 시험에 응시할 수 있었어요.

2년제의 전문대학교를 나왔다면 사회복지사 2급을 취득한 후 1년 이상의 실무 경력을 쌓은 뒤에 1급 시험에 응시할 수 있었어요.

그런데 2020년부터는 미래 유망 직종인 사회복지사의 전문성을 강화하기 위해 대학에서 이수해야 할 필수과목을 14과목에서 17과목으로 늘리고 실습시간도 120시간에서 160시간으로 늘렸어요. 또한 30시간의 실습세미나 참가가 추가되었어요.

이를 간단하게 정리하면 다음과 같아요.

❶ 사회복지사 2급 자격증 취득 방법:

전문대 또는 4년제 대학교 또는 대학원 전공학과 졸업자라면 다음 사항을 모두 이수하면 자격증을 취득할 수 있어요.

- 사회복지 필수과목 17과목 이수

- 사회 복지 현장 실습 160시간

- 30시간의 실습세미나 참석

❷ 사회복지사 1급 자격증 취득 방법

- 사회복지사 2급 자격증을 취득한 4년제 전공 학사학위 취득자는 1급 자격증 시험에 응시할 수 있어요.

- 사회복지사 2급 자격증을 취득한 2년제 전공 학사학위 취득자는 1년 이상의 실무 경력을 쌓은 후 1급 자격증 시험에 응시할 수 있어요.

사회복지사 자격증을 취득했다면 의료사회복지 또는 정신보건 분야에서 일정한 경력을 쌓아 의료사회복지사나 정신보건사회복지사 자격증 시험에 응시해 자격을 취득해서 전문사회복지사로도 활동할 수 있어요.

사회복지사 1급 자격증 소지자는 의료사회 복지사. 정신건강사회 복지사, 학교사회 복지사 시험에 응시가 가능하기 때문에 사회복지 분야에서 더 많은 가능성과 전문성을 갖고 싶다면 사회복지사 1급 자격증을 취득하는 것이 좋아요.

이처럼 사회복지사는 사람에 대한 이타심만으로 도전하는 것이 아니라 전문적인 교육을 받고 체계적인 관리를 받으며 구체적인 복지서비스와 프로그램 등을 수행할 수 있는 능력을 갖춰야 해요. 언제든 발생할 수 있는 돌발 상황에 유연하게 대처할 수 있는 위기대처 능력과 문제가 발생하면 상대방을 잘 이해시킬 수 있는 커뮤니케이션 능력, 설득력도 필요해요. 또한 현장에서 경험한 것을 바탕으로 새로운 복지서비스를 개발하고 제안하여 적용시킬 수 있는 정책 제안 능력과 이를 실행할 수 있는 실천력, 창의력도 필요해요.

정서적, 경제적, 심리적으로 어려운 상황에 있는 사람을 돕는 일이기 때문에 도움을 필요로 하는 사람의 상황을 이해하고 구체적 문제해결을 위한 소통의 마음도 필수적으로 갖추어야 합니다. 하지만 무엇보다도 가장 중요한 것은 사회복지사로서의 사명감입니다.

만약 여러분의 꿈이 사회복지사라면 고통에 처한 사람들을 이해하고 소통하고 배려하며 잘 해낼 수 있을지 부모님의 도움을 받아 먼저 확인해 보세요. 가까운 곳에 복지관이나 사회복지 시설이 있다면 봉사활동을  하며 체험해 보는 것도 좋은 방법이에요.

사회복지사는 유망 직업이지만 다루어야할 영역과 업무가 상당히 많으며, 사명감과 책임감이 매우 필요한 일인 만큼 봉사를 통해 정말 내가 하고 싶은 일인지, 할 수 있는 일인지를 먼저 체험해 보길 바랍니다. '열 마디의 말보다 한 번의 경험'이 진로를 찾아가는데 가장 빠르고 확실한 길잡이가 될 수 있으니까요

포스트 코로나 시대에 사회복지사의 전망은 어떤가요?

현재 우리나라에서 사회복지사로 근무하는 사람은 총 83,000여 명이라고 해요. OECD(경제협력개발기구) 국가와 비교해 보았을 때 아직 부족한 수이며 우리나라는 독거노인, 다문화가정, 한부모 가정, 아동 및 보육 복지 등 다양한 분야에서 사회복지 정책을 수행할 예정이라 매년 2.4%씩 고용이 증가할 것이라고 합니다.

노인, 어린이, 장애인 등 도움을 필요로 하는 사회 구성원들을 찾아 돕는 것이 사회복지사의 역할입니다.

우리나라는 급격한 노령화 사회로 이동하고 있고 이혼율도 높아지고 있으며 자살율도 높습니다. 사회복지사는 사회 곳곳에서 도움을 필요로 하는 아동, 청소년, 노인, 장애인, 여성 등 사회적 약자의 다양한 문제를 해결하고 도와주는

일을 하기 때문에 직업적인 전망이 매우 밝습니다.

로봇과 인공지능의 시대인 4차 산업 시대는 매우 편리한 사회가 될 것이지만 한편으로는 단순노동직과 단순서비스직 등이 사라지게 될 것입니다. 이는 그 직무에 종사하던 사람들을 실직으로 내몰리게 할 것이며 이로 인한 대량 실업과 실직, 극심한 빈부격차를 우려하는 목소리도 있습니다.

그리고 코로나19가 전 세계를 휩쓸면서 이와 같은 우려는 좀 더 빠른 현실이 되고 있습니다.

비대면 사회가 되면서 사람들은 우울감을 호소하고 있고 경제활동이 이루어지지 못하자 파산하는 곳들이 나오면서 실직율도 급격하게 상승하고 있습니다.

정부는 이에 대한 대비책으로 사회복지 예산을 확대해 우리 사회 구석구석을 살피고 취약계층의 어려움을 해결하기 위해 노력하고 있습니다.

이러한 정부 시책을 실행에 옮겨 사회 구성원들에게 직접적 도움을 주는 전문가들이 바로 사회복지사입니다.

코로나 바이러스 확산으로 코로나로 인한 집단 우울증 현상이 발생하면서 이를 지칭하는 '코로나 블루'라는 신조어가 생겼어요.

이처럼 많은 사람의 마음을 어둡고 지치게 만드는 사회 분위기 속에서 사회복지사들의 새로운 역할은 점점 더 커져갈 것으로 예상됩니다.

코로나19로 인한 집단 우울증 현상으로 코로나 블루라는 신조어도 등장했어요.

사회가 발전하고 경제가 활성화될수록 우리 사회는 사회 구성원 간의 합의에 의한 복지제도와 정책을 꾸준히 요구할 것이며 사회복지사들의 영역 또한 의료, 산업, 교육, 보호시설, 기업, 기관, 문화사업 등 다양하게 확대될 것으로 전망됩니다.

사회복지사는 우리 사회에서 소외받는 사람이 발생하지 않도록 돕고 사회 구성원들이 행복해질 수 있도록 살피는 매우 중요한 일을 하고 있어요.